Mein Fehler ist, dass ich Dinge
nicht zu Ende

1. Auflage August 2021
(c) chiliverlag, Franziska Röchter, Verl
franchili / 93
Die Rechte an den einzelnen Texten sowie Abbildungen liegen beim jeweiligen Autor bzw. dessen Rechtsnachfolger.
Titelfoto: Erika Maria Cermak
Sämtliche Illustrationen inkl. Backcover: Axel Röthemeyer
Fotos S. 141, 142: Flora Schmidt, mit freundlicher Genehmigung
Detaillierte bibliographische Daten sind unter http://dnb.ddb.de bei der Deutschen Nationalbibliographie abrufbar.

Printed in Germany
ISBN 978-3-943292-92-3   **www.chiliverlag.de**

Axel Röthemeyer

Mein Fehler ist, dass ich Dinge nicht zu Ende

Hrsg. von Alex Dreppec
und Armin Breidenbach

Für
Jim Milosch und Ava Cami

Inhalt

Ein editorischer Abschiedsbrief   9

I Synapsen-Monsunregen

1 Post-Corona-Apo(p)kalypse   18
2 Schwebezustände nutzen   20
3 Garten für Jeden   22
4 Wie kommt man an die Oberfläche der Dinge   24
5 Das Kifferpärchen   25
6 Darmstadtnachts   26
7 Nachts in Darmstadt *von Nesh Vonk*   28
8 Jahreszeitenkatastrophe   30
9 Dieser Kuchen ist Käse   31
10 Kleiner Adler   32
11 Dein Mon   34
12 Der psychedelische Umzug   35
13 Gedanken zum Ein- und Ausschlafen   36

II Sackgassi gehen mit meinem Schweinehund

1 Danke, Doc! Oder: Wie ich das Gagakure erfand   41
2 Das Gagakure   47
3 Fundstücke, die am Eingang in eine endgültige Version des Gagakure gescheitert sind   62
4 Zimmerpflanzen   70
5 Fahrradfahrn ohne Licht   73

III Es lebe der Zombie

1	Der Utopisst	77
2	Zirkus „Neben der Krone"	88
3	Freud //(()/- light ()	90
4	Die Herren der Zerstörung	92
5	Die Sozialstruktur der Zombierepublik D.	94
6	Urban Kid Soldier	97
7	Mein metaphysischer Supermarkt	100
8	Freiheit in Dosen!	101
9	Die Rache der Indios	103

IV Reizwäschehusten

1	Porno Panda Trailer (Bamboo Nights)	109
2	Der Mann. Die Frau. Das Leben. *von E.A. Diroll und Axel Röthemeyer*	113
3	Genital-Duett *von Axel Röthemeyer und Lebrina Fairbanks*	115
4	Libido-Ruinen	119
5	Herberts herbes Sexleben *von Axel Röthemeyer und Armin Breidenbach*	120

V Das Nirvana war nie schöner

1	Herzkasper im Wartezimmer	125
2	Mein Herzdämon spricht	128
3	Leuchtpilze	130
4	Baddabom	132

Axel Röthemeyer 140

Ein editorischer Abschiedsbrief

Axel, Dir kurz «Tschüss» sagen, das geht nicht. Eigentlich geht es gar nicht, aber wir wurden nicht gefragt und Du auch nicht. Was konnten wir noch tun?

Wir haben uns von unserem Axel etwas zusammengesucht, das wir behalten können. Das Allerwichtigste ist aber weg, Du bist weg, und das ist scheiße. «Halt! Dageblieben! Nochmal! Mehr!» Das wäre doch auch ein guter Titel für dieses Buch gewesen, oder? Wir fühlten uns aber verpflichtet, Titel und Kapitelüberschriften aus Deinem unendlichen, vieltentakeligen, ausufernden, weit überzufällig oft genialen, verzettelten Wust zu filtrieren (wo auch die nicht verwendeten Alternativen wie «die Zufalllässigkeit» oder «Alles ist Gedächtniskirche» herstammten). Um wenigstens etwas davon ans Licht zu heben. Deshalb haben wir nur selten eingegriffen in das, was uns irgendwie «am Stück und in sich selbst geschlossen» erschien. Wobei: Dir mal vereinzelt den Mund verbieten zu können, das war schon eine neue Erfahrung. Dabei hat uns der Wunsch geleitet, einen Axel sichtbar werden zu lassen, wie er «zuletzt» vielleicht hätte gesehen werden wollen, für die, die ihm nicht mehr begegnen werden.

Wir hatten dabei Probleme mit externen Zensurinstanzen, z.B., was die «1000 Stellungen, aus denen man sich nicht ohne fremde Hilfe befreien kann» aus dem «Gagasutra» angeht. Wir versuchten, ihren ursprünglich geplanten Abdruck in einem Telefonat zu verteidigen: «Aber Billie Boy, Du denkst doch nicht wirklich, dass jemand diese wahnwitzigen Stellungen durchprobiert, nur weil sie wo gedruckt sind?» «Doch, allerdings denke ich das, oder was glaubst Du, warum ich so undeutlich rede», sagte er mit gepresster Stimme, dann erklangen diffuse Schreie und das Telefonat brach ab. Anschließend hat er wohl unsere Telefonnummern blockiert, so dass wir nicht nochmal anrufen konnten, um einen Kompromiss vorzuschlagen. Aber Leute! Wenn Ihr wüsstet! Nr. 779 z.B.!

Vieles von dem, was sich hier findet, ist vor der Zeit entstanden, in der Axel sein letztes Zuhause fand und Familienvater wurde. Einiges fand sich in verschiedenen Fassungen bereits in Selbstkopiertem (Underground!) und z.B. in einer Poetry Slam-Anthologie, auf einem Dichterschlacht-Hörbuch, in der Online-Anthologie «Lockdown-Lyrik 2.0» der renommierten Zeitschrift «Das Gedicht» sowie in «Leben im Nebel»-Readern. Vieles findet sich im «Darmschlingerkursheft» des Darmverlags, dieser vor Zeiten in den stickigen Katakomben des Darmstädter Schlosses gegründeten Gruppe, die sich dann im Teeladen «Kukicha» in der Mauerstrasse einnistete. Aus diesem Dunstkreis stammen auch die hier mit versammelten Coautor*innen bzw. Gastautor*innen Nesh Vonk, E.A. Diroll, Lebrina Fairbanks und Armin Breidenbach.

«Mein Fehler ist, dass ich Dinge nicht zu Ende» ist unseres Freundes, der so viel mehr verdient hat, erste als Einzelwerk bestellbare Verlagspublikation, das erste Buch im engeren Sinn.

Ein Blick in die Zukunft dieses unterschätzt-archaischen Mediums am Beispiel dieses Buches: Nach der von IHM vorhergesehenen (Teil-) Apokalypse der Menschheit und ihrer gescheiterten Neuwelt, die er als Triumph des Gagakure, seiner Lehre des Scheiterns, gefeiert hätte, um zu überspielen, dass er trauert – danach also wird: Ein verirrtes, aber intelligentes Einzelüberlebenswesen dieses Buch zerfleddert finden in einem gigantischen Zivilisationsschrotthaufen. Und dann die ganze Version des Einen oder Anderen lesen wollen, die es aber eben nicht gibt ohne Internet. Na, und dann wird dieses Wesen das Internet eben reaktivieren und auf der Suche nach den verlorenen Informationen andere Spinner*innen finden in jener Welt, in der man nur noch als Spinner*in überleben kann. Gemeinsam werden die Überlebenden einen Weg finden nicht nur zur vollständigen Fassung von «Der Utopisst», sondern nebenbei zu anderen Dingen, die man mal wo überlebensadäquat zusammengezimmert und netzgespeichert hatte (wir reden von Wissenschaftler*innen). Und das wird ein wertvoller Impuls sein für einen Neubeginn.

Freu Dich nicht nur. Du wirst dann hauptsächlich zum Vehikel für Dinge wie «Mit Solarenergie Süßwasser aus Salzwasser machen in 271 einfachen Schritten», Du alter Science Slam-Co-Moderator und Durch-Wahnwitzige-Euphorie-Mit-Aus-Der-Taufe-

Heber. Egal: Da hat sich dann also das Gagakure selbst widerlegt!?

Nein, beim Scheitern gescheitert, so wie Du, denn Du warst ein wahres Prachtexemplar von einem Menschen, wegweisend wegen seines Erfolges und seiner Resonanz (was da für eine Menschenmasse über den ganzen Friedhof verteilt war bei Deiner Beerdigung!).

Oder aber: Wir haben das konstruiert, lieber Axel, um Deinen Geist des grandiosen Scheiterns nachzubilden. «Gescheit, gescheiter, gescheitert», hättest Du jetzt wahrscheinlich dazwischengefunkt.

Es wird uns ja als Gagakure-Jüngern vorgeworfen werden, dass unsere Reform eher eine 180-Grad-Wende ist als eine buchstabengetreue Deutung (erstmal Schisma, könnte man sagen). Oder wollen wir uns nur das Recht bewahren, grandios zu scheitern, um wahre Gagakuräer zu sein? Abwarten, denn: Das Spiel geht weiter! Sehen wir mal, wie es ausgeht! Auch ohne Dich? Nein, niemals. Denn wir werden Dich niemals vergessen.

Wir konnten der Versuchung nicht widerstehen, eine Lücke zu nutzen, die uns die allumfassende Weltsicht des Meisters ließ, um sein Werk weiterzuspinnen und auf eine neue Spitze zu treiben, nicht ohne das Ganze außerdem noch mit germanistischer Hirnwichse zu verkleistern. Leiden wir doch beide an der allgegenwärtigen pseudoavantgardistischen Bedeutungsarmut (warum hier dieses Zeichen, warum diese Zeile vor jener und nicht danach). Denn wir glauben, neue Bedeutung ist das, was das Ziel sein sollte. Tatsächlich ist es doch so, und das wird sich auch im literaturwissenschaftlichen Diskurs in nicht allzu ferner Zukunft durchsetzen: Axel Röthemeyer zeigt uns avantgardistische Bedeutung bis in die Zeichensetzung.

Exemplarisch sei ein Titel erwähnt und im Folgenden analysiert: «Freud //(()/- light ())»:

Die Zeichensetzung macht hier nicht nur die polysemantische Bedeutung beider Wörter deutlich, die Lautgestalt [ˈlaɪt] des zweiten mit der alternativen Schreibweise «Leid» eingeschlossen. Sie ist gleichzeitig abwechselnd funktional und semantisch, was speziell für die Zeichen **/**, **(** und **)** gilt, die alle mal funktionale und mal semantische Bedeutung haben UND dabei teilweise in beiden (!) Rollen die Bedeutung variieren zwischen «Freud light», «Freud versus Leid» und «Freud UND Leid» und der beabsichtigten Unbestimmtheit zwischen diesen Polen. Klar? Wenn nicht: nachsitzen. Es hat ja nicht jeder das Studium von Deutsch und Denken dann auch noch abgeschlossen. Das wird schon. Notfalls leicht (!) berauscht auf den Titel und diese Interpretation starren. Schon gaga? Ja. Aber metagaga.

Metawahnsinn[1] ist der Schlüssel zum Erfolg. «Ist das Euer Ernst?», könnte ein von seinem Herzleiden ernüchterter Axel fragen, aber nur, wenn der Origagami oder Mzungu Massai in ihm nicht rechtzeitig die Stimme erhebt, um zu sagen: «Glaube es, und sei

---

1 Metawahnsinn im Sinne des reformierten Gagakure nach neuchattischer Auslegung (Kurzdefinition): Wahnsinn, der von seiner Wahnsinnigkeit weiß und sie wahnhaft zu ergründen sucht

es, damit dekadente Geisteswissenschaftler, die den Knall nicht hören wollen oder dürfen, was Cooles zum Scheitern haben, auf dass sie all den Ernst nicht erkennen und vor ihren inneren Augen florieren, wenn auch in Furcht und Wirrnis.»

Was da noch alles zu entdecken wäre in Röthemeyers Wust! Leider können wir Dich nicht mehr fragen: War das Dein Ernst (wobei – Ernst ...)? Wolltest Du das so? Genialität, Dusselei, Schreibfehler, abgestürzte Datei ...

Zum Wust noch dieses: Wir ernennen als künftige Herausgeber ehrenhalber verpflichtend für die fortfolgende Edition des Röthemeyerschen Werkes in Zuordnung zu einer Nummerierung künftiger Bände der Enzyklopädie:

Tobias Reckermann (Hg.): Axel Röthemeyer, Steampunk-Visionen in Textfragmenten und Bild, Band 2-14 des Gesamtwerkes.

Gösta Gantner (Hg.): Die Fragmentlawine des Unvollendeten. Exegese der philosophischen Exegesen von Axel Ori Gagami Röthemeyer im Anschluss an Cioran, Montaigne und Barthes. Band 15-33 des Gesamtwerkes.

Alexander Diroll (Hg.): Der König des Kukicha. Die Jahre in der Mauerstrasse 4. Band 34-41 des Gesamtwerkes.

Holger Rößer (Hg.): Zwischen Pimmelwitz und Kulturkritik. Bonmots und undefinierbare Perlen aus tausend Moderationen. Band 42-52 des Gesamtwerkes.

Nesh Vonk (Hg.): Ist das Gagakure ein Huhnanismus? Kunst, Film, Liebe, Wahn und Sinn Axel Röthemeyers. Sonderband mit QR-Code.

Du hättest ein kreativer, verrückter Philosophieprofessor sein können und vieles mehr (was sicher Teil des Problems ist. Ein Problem ist ein Problem ist ...), aber der Weg dahin war nichts für Dich, weil das universitäre System weitgehend blind ist für Leute wie Dich vor lauter Schein und Scheinen, Schablonen und Antragsformularen.

Auch war Dir der schnöde Mammon letzten Endes wohl doch einfach: schnöde. Wie hättest Du gesagt: «Geld kommt, Geld geht».

Möge dieses Buch 1.000 Auflagen erleben. Im letzten Antiquariat der Welt wird in der hinterletzten Ecke noch ein allerletztes Exemplar zu finden sein und von diesen Zeiten künden. Dann folgt der Neubeginn, siehe oben. Und irgendwann ist dann auch das zu Ende. Die Erde, die Sonne, selbst die Milchstraße. Letztere wird von einem schon wegen der Bezeichnung ästhetisch völlig inakzeptablen Gebilde namens «Milchdromeda» verschluckt werden, aber das kümmert das Universum wenig. Nicht Du bist es, der scheitert, Du bist nur ein unbedeutender Stolperstein beim Scheitern des Universums.

Aber es zählt auch der Moment, der vielleicht unvergänglicher ist, als wir ahnen. Wir feiern den «Moment», in dem Du hier bei uns warst. Hier und jetzt, was auch immer «jetzt» bedeuten mag. Möge es sich noch ein wenig hinziehen. Danke.

Und, wer weiß, auf Wiedersehen!

Und wer das jetzt nicht alles verstanden hat, der gehe eben hin in Furcht und Wirrnis. Dieses grandiose Scheitern abzubilden, bleibt sowieso zum Scheitern verurteilt, Origagami, Meister. Es bleibt aber auch grandios. Was ja auch wieder Furcht und Wirrnis auf eine andere Ebene hebt, aber dazu mehr im finalen Band der Enzyklopädie Deines Schaffens, falls ihn keiner im Kopierer liegen lässt jedenfalls.

Tschüss. Du fehlst !!!

Alex Dreppec, Roßdorf bei Darmstadt
Armin Breidenbach, St. Gallen

I
Synapsen-Monsunregen

Post-Corona-Apo(p)kalypse

This-Fuckin'-Trash-World-Won't-Change

Mitten im Pazifik schwimmt eine
Insel aus Plastikmüll,
the Great Pacific Garbage Patch.
Dort findet das abgefahrenste Rockkonzert
aller Zeiten statt.
Wir fahren für euch hin, denn dahin
zu kommen ist immer noch nicht einfach.
Das Festival, eine Art *Burning Man*
auf dem Wasser, glänzt mit Top Acts wie
Bobby and the Climate Changers,
An Inconvenient Truth, Globocaust,
Jake Scully and the Na'avi,
Captain Sparrow, Dead Men's Chest,
Claire Grube, Godzilla's Fart,
Mama Gaja, Plastic Desaster und dem
K-Pop-Wunder *The Kyoto Protocol.*
Es ist Magnet für allerlei Gestalten
aus der Jet-Ski-Freak-Szene:
Aussteiger-Millionäre,
DIY-Weltretter, Endzeit-Propheten,
Ökokalyptiker und ihre Groupies treffen
sich zu einem wild-ausgelassenen,
maskenlosen Bacchanal auf einer Müllhalde.
Ein Berauschter taumelt lallend vor
die Kamera: „Plastik, immer auspacken;
jeden Tag ist Weihnachten!",

und fällt ins Wasser zwischen den Müllklippen.
Auf dem Höhepunkt des Konzerts
taucht aus den Tiefen des
atomverseuchten Pazifiks
ein Riesenungeheuer auf und
verschlingt die Insel.

Schwebezustände nutzen

Schwer liegt der Glanz auf mir.
Das Scheinwerferlicht presst mich auf die Bretter
aus Beton
auf den Granitboden des Diamantplaneten.
Die Gravitation tausender Augenblicke
potenziert die Masse,
bis die Energie gen Null geht.
Schwüle. Bleierne Lust in entropischer Hitze
klumpt meine Lumpen zusammen und
schnürt meinen Körper fester und fester an
den Wal.
Der Donner des Applauses brandet an meine
Ufer und
Fjorde und schlägt eine dröhnende Glocke
über meinem zugewucherten Haupt.
Dem Geschlinge der Locken entreckt sich
ein einzelnes, feinsilbriges Härchen und
tanzt in der weichen Brise des Echos
    eines Wimperschlags einer Feenschwalbe.
Und an jenem Härchen ziehe ich mich
nach Münchhausen.
Wie die Riesenbohne wächst es himmelwärts,
jakobsleiternsprossenklimmend, fredastaire-
steppend,
zehenspitzt meine kleine Zehe, tupft mich
vom Boden,
exakt in die atomaren Zwischenräume.
Dieser Tupfer katapultiert mich

stratosphärisch in die Schwerelosigkeit,
sternezählend und neu benennend,
sprühe ich spiralisierend von Galaxis zu Galaxis,
dimensional vielfältig und Welten faltend.
In diesem Zustand schwebe ich gänzlich losgelöst.
Da legt sich auf mich ein Glanz.

.

Garten für Jeden

Auf einem parkinsonnigen Rasen
sitzt ein verschimmeltes Mädchen
mit himmelblauen Beinen
und mäht ihre Seele

Auf einer karierten Decke aus zertretenen Insekten
schlummert ein verschrumpeltes Baby
unter der Obhut eines epileptischen Gärtners
der verschnupften Tulpen die Hälse umdreht

Eine Herde hufloser Pferde
wühlt sich durch brüchige Beete
Schadhafte Asketen betrinken sich
auf ihrer jämmerlichen Sommerorgie

Symmetrische Tiger kauern an Teetischen
und plaudern über das vergebliche Bemühen
mit verbundenen Augen die Welt zu retten
mustern dabei ihre Streifen und zählen die
Zwischenräume

Im Garten für Jeden ist für
keinen Platz genug, um weit und breit
sich hin und wieder fortzupflanzen in Büschen
wo hübsche Röschen ihre Höschen lüften

Wie kommt man an die Oberfläche der Dinge?

Erstes Mädchen vor verschlossener Tür.
Sie zeichnet eine Karte, einen Plan.
Sie weiß noch nicht, zu welchem endgültigen
Zweck sie die Karte erstellt. Sie kehrt
um und begegnet dabei fast jemandem.
Verstecken spielen. Weitergehen.
Sie kommt an einer offenen Tür vorbei,
in der Tür steht ein maskenloses Mädchen mit
Schaum vorm Mund. Aus dem Mund
ragt eine Zahnbürste, die gerade wieder
in Bewegung gesetzt wird. Die Zahnputzerin
dreht sich zurück in den Raum.
Ein Waschraum mit Waschbecken und
großen Spiegeln an den Wänden.
Der Ton vieler Zahnbürsten im kollektiven Takt,
vereinzelt, verhallt, akustisch vereint.
Ein Schlafraum. Ein Speisesaal.
Bildschirme in den Tisch eingebaut an jedem Platz.
Der Arbeitssaal. Videosektion.
Die Entlarvung. Der Tatort. Der abgründige
Verdacht.
Nachts. Die Mädchen schleichen sich wieder
davon.
Jede für sich. Es endet im Nichts.

Das Kifferpärchen

Sie saßen und rauchten Pfeife
mit schwarzem Afghanen pur.
Sie scheuten Wasser und Seife
und liebten sich in der Natur.

Das Mädchen war auf der Flucht,
sie war von der Schule geflogen,
der Junge ward polizeilich gesucht
wegen Handels mit verbotenen Drogen.

Sie träumten vom Leben an fernen Gestaden
und zogen tief in ihre Lungen den Rauch.
Sie sahen grüne Inseln in bläulichen Schwaden.
Und diese entdeckten zwei Polizisten dann auch.

Schon kamen sie näher, die grünen Gesellen.
Das Pärchen wurde mit jedem Zug breiter,
verspult spürten sie kaum die handlichen Schellen.
Noch in der U-Haft träumten sie weiter.

Der Junge kam sogleich in den Knast,
das Mädchen zu ihren Eltern nach Haus.
Aus Frust knüpfte sie sich auf an einem
Apfelbaum-Ast
und damit ist das Gedicht leider aus.

Darmstadtnachts

Das Darmstadtium glitzert im Mondscheinwerfer.
Wer im Glashaus sitzt, den soll man
mit Steinen bewerfen, mit Farbbeuteln und
Läster-Eiern, Hauptsache Null Zeugen,
darmstadtnachts.

Die ganze Stadt street-artig zukleistern
mit Bildern aus dem schlechten Gewissen,
sogetarnter Konsumkritikkitsch,
angebracht mit Mitteln der Jugendförderung,
darmstadtnachts.

603 angeblödete Gäste
werden mit Tasern beschossen
und fangen zu zappeln an,
angeblich, weil rehäugige Rapper
wie Meinungsattrappen
die Bühne vollkacken,
darmstadtnachts.

Auf dem Karolinenplatz eine Gehirntauschbörse,
wo Studenten ihre Cerebralien
mit Professoren tauschen und feststellen,
dass sie nicht klüger – aber ängstlicher,
seniler – aber nicht reicher,
verwirrter – aber nicht gerissener
werden und vergehen ...
darmstadtnachts.

Bauamt baut direkt neben die Kuppelkirche 1
eine zweite Kuppelkirche:
Zusammen mit dem Langen Ludwig ergibt das
(vom Weltraum aus gesehen
und in der Silhouette)
einen Riesenhermaphrodit
kann man sehen auch
darmstadtnachts

In der GSI entsteht durch göttliches
Ungeschick ein Schwarzes Loch,
ein kleines schwarzes
Wissenschaftsstadtloch.
Alle schmeißen ihren Müll hinein.
Heraus kommen Wesen aus einer Paralleldimension,
die besser und schöner sind
als alles, was es bisher gab,
die uns neuartige Brettspiele beibringen
und verschiedene Arten, seine Frisur zu tragen.

Das alles passiert
darmstadtnachts.

Nachts in Darmstadt
von Nesh Vonk

Am Tage, in Darmstadt, zerreißt es mich;
zu viel Gebrülle und viel zu viel Licht –
am Tage, ganz klar, verhält es sich,
als duldete mich Darmstadt nicht.

Am Tage, in Darmstadt; es treffen mich Blicke,
hunderte Messer, schäumende Worte;
als wollte Darmstadt, dass ich ersticke,
an greller und bunter Rasierschaumtorte.

Hänge an Seilen, am Tage, in Darmstadt –
hab´ keine Beine, komm´ nicht vom Fleck –
Träume aus Fieber, am Tage, in Darmstadt –
schlag´ gegen Mauern; und schlage Leck.

Ich gehe unter, am Tage, in Darmstadt –
hoffe, die Sonne geht unter, die Plage;
fühle mich wie unter Tage, in Darmstadt –
da ich Darmstadt am Tag nicht ertrage.

Schreie und brenne, Gewölk bricht auf,
himmelblau bricht mir das Herz;
ich breche entzwei, ich breche auf Darmstadt,
auf Darmstadt, am Tage, im März.

Rase durch Schauder, durch was ich erlebte,
quäl´ mich durch Darmstadt, flüchte durch Licht –
flüchte durch alles, was je an mir klebte,
bis mir ein Gehsteig die Beine bricht.

Wann brechen endlich die Zuckerpranken,
wann lässt mich dieses Darmstadt allein?
Schon bald werd' ich wandeln in schönen Gedanken –
dann bricht über Darmstadt die Nacht herein.

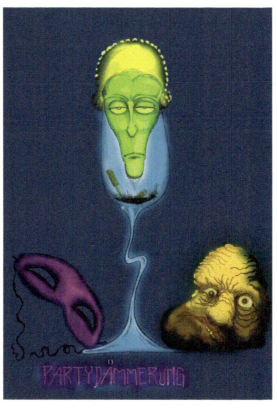

Jahreszeitenkatastrophe
Eine medderologische Büttenrede
(vorzugsweise vorzutragen in mittelhessischem Hessisch)

Frühmmer
Diesen Frühling war's zu sehen:
Im April, die Sonne schön,
raus aufs Pflaster im Bikini,
Mama, Oma und der Teenie,
Frühling, Sommer sind verschweißt.
Darum das Ganze Frühmmer heißt.

Sorbst
Ist der Sommer grau und nass,
verhagelt's uns den Badespaß.
Regnet es schon wochenlang,
wird's um's Sonnenlicht uns bang.
Wird's für 'nen neuen Namen Zeit:
Im Sommer macht der Sorbst sich breit.

Herter
Wenn im Herbst schon erster Schnee liegt,
wegen Eis lahm der Verkehr liegt,
Schlittschuhlaufen im Oktober,
im November Schneegestober –
Dann doziert bald ein Gelehrter:
Liebe Leut', der Herbst wird Herter.

Wintling
Aber, Menschen, halb so schlimm,
drauf der Winter wird nicht grimm,
Primeln blühen und Narzissen,
Bienchen summen und Hornissen.
Wenn zum Lenz der Winter wird,
er zum Wintling transformiert.

Coda / Fazit
Fragt sich nun, was soll der Scheiß?
Der Sommer kalt, der Winter heiß:
Ist das schon der Klimawandel?
Hilft da noch Emissionshandel?
Da ist mein Vorschlag gar nicht dumm:
Benennen wir doch einfach um.

Dieser Kuchen ist Käse

Was da fehlt an Deinem Kuchen,
fehlt zur Liebe dem Eunuchen.
Nix wird aus deiner Kuchenfeier,
denn vergessen hast Du: Eier.

Kleiner Adler

Kleiner Adler
will groß werden,
will die Welt von oben seh'n.
Kleiner Adler
will bald fliegen
in des Himmels blaue Höh'n.
Kleiner Adler ist bald groß
und dann fliegt er endlich los.

Kleiner Adler
streckt die Flügel,
flattert fest mit ganzer Kraft,
fliegt im Geist schon über Hügel,
glaubt schon, bald hat er's geschafft
glaubt ans Fliegen – glaubt ganz fest,
fliegt bald raus aus seinem Nest.

Kleiner Adler
gibt sich Mühe,
zappelt, flattert,
schwingt die Schwingen.
Kleiner Adler
strengt sich an,
Adler, der bald fliegen kann.

Kleiner Adler,
glaubst, Du hast es bald geschafft?
Kleiner Adler,

nur – Du vergeudest Deine Kraft.
Kleiner Adler,
kommst nicht weit.
Denn vorm Himmel ist ein Gitter,
weiter geht's nicht, das ist bitter,
denn das ist nun einmal so.
Kleiner Adler – Du bist im Zoo.

Kleiner Adler, sei nicht traurig.
Kleiner Adler, bist Du groß,
wird nur kleiner sein Dein Käfig,
kleiner Adler, flieg bald los.

Dein Mon

Da ist ein Dämon, der mich jagt,
da ist ein Dämon, der mir sagt,
dass ich nichts tauge und nur
auf Kosten anderer leb, in einer Tour
zischt und flüstert der Dämon
diese Worte und schon
schwinden Kraft und Mut
und Wille, nur zu gut,
dass ich den Dämon schon kenne
und mit ihm um die Wette renne.

Der psychedelische Umzug

Er findet beim Umzug in einer hinteren Ecke einer hinteren Schublade eines längst verschollen geglaubten Schranks ein Tütchen mit Psilos. Ohne groß nachzudenken, wirft er sie ein, gibt sie an seine Umzugshelfer weiter. Der Umzug nimmt einen seltsamen Verlauf. Am Ende sind sie in die Wohnung wieder eingezogen, die sie gerade verlassen haben, und wundern sich.

Gedanken zum Ein- und Ausschlafen

Luzide Träume
Das Land in mir
Verdammt nah an der Wirklichkeit
Doppelleben

Luzide im Traum, verwirrt in der Wirklichkeit.
Warum? Im Traum weiß ich, dass es ein Traum ist
und dass er ein Ende hat. Die Wirklichkeit verwirrt mich, da sie kein Ende zu haben scheint.

Es ist verdammt schwer,
heutzutage gutes Personal
für seine Träume zu finden.

II
Sackgassi gehen mit meinem Schweinehund

Danke, Doc!
Oder: Wie ich das Gagakure erfand

Eine typische psychiatrische Praxis. Hohe, stuckverzierte Decke mit Kristalllüster. Schwerer Marmortisch. In einem knarzenden Ledersessel der Doktor, auf einem Klappstuhl neben ihm ich ... Das Gespräch läuft seit 45 Minuten.

Ich: ... aber es ist immer alles schief gelaufen und nie so geworden, wie ich wollte. Meine Karriere als Enfant terrible kann ich an den Nagel hängen, dafür bin ich zu alt.
Dr.: Dann werden Sie doch Adulte terrible, hört sich doch viel böser an.
Ich: Na, danke, Doc. Haha.
Dr.: Und? Haben Sie sonst noch ein Problem?
Ich: Ich will ne Freundin.
Dr.: Schon wieder? Hatten Sie nicht grad letztes Jahr zwei? Zur gleichen Zeit.
Ich: Ich will noch eine.
Dr.: Die anderen schon vergessen?
Ich: Sie bleiben natürlich immer in meinem Herzen und so ... Aber ansonsten ist das rum.
Dr.: Und jetzt wollen Sie noch eine – eine Neue.
Ich: Au ja. Mit Rehaugen und einer Samtmuschi. Charakter sollte sie haben, Cabrios stehlen, Filme machen, gut küssen, irre Klamotten tragen, auch mal einfach keinen Bock haben. Bewandert in Medizin und diversen Körpertechniken. Schlagfertig,

pazifistisch, viele Bücher kennen, alle Filme.
Dr.: Aha. War das alles?
Ich: Wie viele Worte braucht man, um ein Universum zu beschreiben? Das Glück auf Erden? Eine Göttin?
Dr.: Und kennen Sie jemanden in Ihrem näheren Bekanntenkreis, der in dieses grobmaschige Raster passt?
Ich: Nein.
Dr.: Benutzen Sie Ihre Phantasie. Kennen Sie nicht eine, die sich trotzdem in diesem Netz verfangen könnte?
Ich: Ne Meerjungfrau?
Dr.: Fabelwesen? Sehr gut, Sie sind auf der richtigen Spur. Sie müssen versuchen, Ihre Ansprüche der Realität anzupassen, nicht umgekehrt. Wenigstens leiden Sie nicht an Irrealitätsverlust.
Ich: Gut. Das freut mich ... Sehen Sie auch diesen bunt angemalten Pottwal nebst einem Clown-Kapitän Ahab da an uns vorbei ... winken?
Dr.: Ähem. Sie lenken ab.
Ich: Ja?
Dr.: Sie sind ein wenig verwirrt.
Ich: Völlig.
Dr.: Seufz.
Ich: Wo war'n wir stehen geblieben?
Dr.: Bei Ihrer Verwirrung.
Ich: Ach so.
Dr.: Sie sind verwirrt und deshalb kommen Sie mit Ihrem Leben nicht zurecht.
Ich: Ach ja. Stimmt. Danke, Doc.
Dr.: Sie kommen mit Ihrem Leben nicht zurecht und

deshalb werden Sie immer verwirrter. Sie stecken in einem Netz aus Verpflichtungen und Arbeiten, die Sie tun müssten, haben aber das Gefühl, dass Sie das alles gar nichts angeht, und lassen es deshalb bleiben.
Ich: Geht's hier gerade um mich? Nein, war ein Scherz. So ungefähr ist es. Ich sitze da und will etwas tun, aber schiebe es auf. Und wenn ich mich dransetze, denke ich, es ist zu spät, die Arbeit wird eh scheiße, fang gar nicht erst an, gib dir keine Mühe. Oder ich verkrieche mich in Gedankengängen, in Sekundärliteratur, die mir nichts mehr bringt, lese meine alten Tagebücher voll mit diesem depressiven Scheiß, der mich immer deprimierter macht – und nenne das dann Arbeit, obwohl es nur eine Scheintätigkeit ist, die verdecken soll, dass ich mich an das, was ich tun sollte, nicht heranwage. Ist es Angst?
Dr.: Ja, das sieht so aus.
Ich: Arrrgh. Oh nein, ich habe Angst. Wann geht das wieder weg?
Dr.: Nie wieder!
Ich: Arrrrrgh. Oh neihein. Bis an mein Lebensende muss ich Angst haben.
Dr.: Haha. Ich wollte Ihnen nur Angst machen. Entschuldigen Sie. Ich meine das jetzt ernst. Machen Sie sich keine Sorgen. Das kriegen wir in den Griff. Wenn wir gemeinsam an ihren Ängsten arbeiten …
Ich: Arbeiten? Arrrgh. Sie machen mir immer noch Angst.
Dr.: Sie müssen es auch wollen.
Ich: Was?
Dr.: Arbeiten!

Ich: Arrrrgh.
Dr.: An sich. An Ihren Ängsten.
Ich: Nein!
Dr.: Wenn Sie diese Voraussetzung nicht mitbringen, dann ...
Ich: Arrrghgarglgargllleeeeeh ...
Dr.: Wo waren wir stehen geblieben?
Ich: Bei meinen Ängsten?
Dr.: Genau.
Ich: Arrrgh.
Dr.: Verstehen Sie. Es geht nicht nur darum, dass Sie Ihre Arbeit organisieren und sich die Zeit einteilen und sich nicht ablenken lassen. Es geht auch darum, dass Sie sich mit ihren inneren Abneigungen und Hassgefühlen auseinandersetzen, die Sie mit der Arbeit verbinden. Sie sind mit Ihrer Arbeit im Konflikt, weil Sie mit sich im Konflikt sind.
Ich: Immer noch, mein ganzes Leben schon. Immer der Versager. Der Nix-Krieger. Der nichtshinkriegende Nix-Krieger. Naja, zumindest habe ich eine Weisheitslehre daraus gemacht.
Dr.: Na, sehen Sie, da ist schon ein Anfang. Nehmen Sie ihre Schwächen an und wenden Sie sie ins Gute.
Ich: Das Gute?
Dr.: Nur so eine Redensart. Gehen wir doch von der Seite die Sache an, die Ihnen Spaß macht. Sie sehen Ihre Arbeit einfach nur negativ. Sie beziehen alles Negative auf sich und haben alles Positive auf andere projiziert.
Ich: Sie haben ja so recht, Doc. Sie sind ein wunderbarer Mensch, Sie können Dinge in Worten ausdrü-

cken, die ich mir schon tausendmal gedacht habe, aber immer wieder vergessen habe.
Dr.: Ja. Das mit der Vergesslichkeit könnte sich als ein Problem bei der Therapie herausstellen. Können Sie Termine einhalten?
Ich: Geht so. Eigentlich schon ganz gut. Außer Abgabetermine. Die lasse ich immer verstreichen.
Dr: Machen Sie sich Termine, aber nicht zu viele auf einmal.
Ich: Der ist gut. Ich kenn auch einen: Schreibe die Termine in einen Terminkalender, aber schaue in diesen nie hinein.
Dr.: Was ist das?
Ich: Das Gagakure. Meine Weisheitslehre. Ich erkläre es Ihnen …

Kurze Montagesequenz, in der in geraffter Form gezeigt wird, wie ich dem Doc meine Weisheitslehre erkläre.

Dr.: Das ist genial. Paradoxale Intervention in Form einer Parodie auf einen uralten Samurai-Kodex. Diese Idee muss ich sofort meinem Ghostwriter faxen. Ich brauche noch eine Veröffentlichung für diesen Monat, sonst tobt mein Verleger. Ein amüsanter Psycho-Ratgeber, das kaufen die Leute wie warme Semmeln. Wir machen einen Deal: Sie geben mir die Rechte für Ihre Gaga-Dings und ich mache Sie wieder zu einem ganzen Menschen.
Ich: Danke Doc. Sie haben mir sehr geholfen. Ich fühl mich schon viel besser. Irgendwie leichter … erleichtert …

Dr.: Ich lasse Ihnen gleich ein 100er-Rezept Sodpranosol-Lyserg-Äthymalid ausstellen. Fräulein Salomé, könnten Sie Herrn ... äh, wie war doch noch mal der Name?
Ich: Massai.
Dr.: Herrn Massai ein ...

In diesem Augenblick wird der Psychiater von Mzungu Massais unglaublichen magischen Unfähigkeiten in einen Monster-Geier verwandelt, der sofort auf Mzungu Massai losgeht und ihm ein Auge aushackt. Das alles findet natürlich nur in meiner Irrealität statt, also in der Wirklichkeit.

Das Gagakure

Der Weg des Nix-Kriegers
oder
Der Weg des nix-hinkriegenden Kriegers
oder auch
Der Weg des nix-kriegenden Nix-Hin-Kriegers

Dies sind die gesammelten Dummheiten des edlen und tölpelhaften Mzungu Massai, Klein-Meister des **idiot-Do**, Leerer des Dhummismus, der lebte, um zu versagen.

Der idiot-Do ist eine uralte Weisheits-Leere. Der idiot-Do ist die älteste Weisheitsleere der Welt. Von Generation zu Generation wird das Gagakure, die unleserlich geschriebene Leere des idiot-Do, verlegt, verloren, im Kopierer liegen gelassen, umgeschrieben, ganz neu erdacht und nie so richtig kapiert.

Das Gagakure ist eine Leere für alle Verlierer, für die Nebendarsteller, die Randfiguren, die ständigen Scheiterer. Kurz: Für den Großteil der Menschheit. Ihr denkt vielleicht, ihr seid erfolgreich, habt einen Job, ein Studienplatz, einen Partner, nette Eltern, viel Geld, seid schön, sexy, erfolgreich. Das ist auch gut so. Denn nur wer sein Scheitern verleugnet, wird scheitern. Nur wer sich ganz dem Erfolg verschreibt, wird umso besser scheitern können.

Die hohe Kunst des Scheiterns besteht darin - äh - sich von seinen Erfolgen und Glückserlebnissen nicht entmutigen zu lassen, sondern - äh - trotzig und lethargisch Scheitern auf Scheitern zu häufen. Keinen Scheiterhaufen auszulassen. So halt.

Vielleicht bist Du schon Schüler des Gagakure und weißt es nur noch nicht.
Oder Du weißt es, weißt aber nicht wie. Für Dich ist dieses Buch.

Nix-Krieger im Pech
Auf Glück wartend, das bald ihn
Unbemerkt streifte

Später zurückkam
Um ein weiteres Mal
Ignoriert zu werden

Erkenne die Bedeutung des **idiot-Do**

Ich habe herausgefunden: **idiot-Do**, der Weg des nix-hinkriegenden Kriegers, liegt im Scheitern. Wird man mit zwei Alternativen konfrontiert, Gelingen und Scheitern, so soll man ohne Zögern das Scheitern wählen. Daran ist nichts Schweres; man muss nur fest entschlossen das Ziel verfe

Wenn jemand sich jeden Morgen und Abend auf die Missgeschicke, das Pech und das Scheitern vorbereitet, wird idiot-Do zu seinem eigenen Weg.

Du darfst das Scheitern aber nicht wollen, denn dann würdest Du das Scheitern als einen Erfolg ansehen. Das Scheitern entzieht sich Deiner Kontrolle. Wenn Du das Scheitern als einen Erfolg ansiehst, wirst Du auf dem Weg des idiot-Do scheitern.

Zu sagen: das Gagakure sagt: Nur das Scheitern führt zum Erfolg, ist kein echtes Gagakure, sondern gescheitertes Gagakure.

Nicht Du bist es, der scheitert,
Du bist nur ein unbedeutender Stolperstein
im Großen Scheitern des Universums.

Das **idiot-Do** beschreibt die 3 Millionen Arten,
mit dem Kosmos
uneins zu sein.

Ein Mantra, die Ursilbe des Dhummiversums:
Dhummmm

Die Dhummheiten des Gagakure

Das Gagakure sagt:
Stehe jeden Morgen zu spät auf.
Beginne den Tag mit Selbstvorwürfen.

Das Gagakure sagt:
Wache jeden Morgen auf mit dem Gedanken, was Du gestern alles hättest tun können. Beschäftige Dich mit dieser Frage den ganzen Tag. Wache am nächsten Morgen auf und denke, was Du alles getan hättest, wenn Du nicht darüber nachgedacht hättest, was Du hättest tun können.

Übe dieses Mantra:
Du hättest es tun können.
In Kurzform:
Zuuuu spääääät.

Dhummmmmmmmmmmmmmmmmmmmmmmm
mmmmmmmmmmmmmmmmmmmmm

Das Gagakure sagt:
Lebe ohne Ziel.
Stecke Dir Ziele zu dem Zweck, sie beizeiten aufzugeben.
Stecke Dir so viele Ziele auf einmal, dass Du nicht weißt, wo Du anfangen sollst, und höre deshalb auf, Dir Ziele zu stecken.

Das Gagakure sagt:
Lasse Dich von zufälligen Außeneindrücken leiten und lenken.

Lasse Dich von deinen mulmigen Gefühlen, Deinen Ängsten, Deinem Zorn und Deiner Ungeduld beraten.

Tue nichts, außer Du hast schon vorher ein mulmiges Gefühl dabei.

Tue alles, was Du falsch machen kannst.

Das Gagakure sagt:
Sei nicht wählerisch: Mache alles falsch, was man falsch machen kann.

Sei stets hastig, im Stress und nervös, dann wirst Du viele Fehler machen können.

Ziehe keine voreiligen Schlüsse aus deinen Fehlern, sondern nur die Motivation, laut und oft zu seufzen.

Dhummmmmmmmmmmmmmmmmmmmmmmm
mmmmmmmmmmmmmmmmmmmmm

Verdränge Deine Fehler, sodass Du sie immer aufs Neue machen kannst.

Durchforste Deine Vergangenheit nach unentdeckten Fehlentscheidungen, die Deine jetzige missliche Lage noch verdrießlicher erscheinen lassen.

Achte auf Fallen, renne sehenden Auges hinein und ärgere Dich dann und sage dieses Mantra:

Ich hab's doch gewusst.

Das Gagakure sagt:
Sollte Dir zufällig etwas gelingen, so ist es nichts wert.

Das Gagakure sagt:
Bereite Dich niemals auf etwas vor.
Tue das Wichtigste immer zuletzt.
Unnützes Wissen anzusammeln ist besser, als für das Leben zu lernen.
Leide unter deinem Charakter, aber übe dieses Mantra:
So bin ich halt.

Dhummmmmmmmmmmmmmmmmmmmmmmmm
mmmmmmmmmmmmmmmmmmmmmm

Ratschläge für den Nix-Krieger im Nix-Krieg
Kampfsport-Weisheiten für Schüler des
Judoof, Aikidoof, Karatrottel, Ij-diot-Jitsu

Mzungu Massai sagt:
„Ich kann Dir die Tür nur zeigen,
dagegen rennen musst Du schon von alleine."
„Der Geist ist wie Sirup - er tropft und klebt. Hauptsache, die Schale ist immer am Überlaufen.

Ergreife das Leben in der Vergangenheit und der Zukunft. Ignoriere den lästigen Augenblick.

Denk Dir immer: Ein Problem ist ein Problem ist ein Problem ...

Suche vergeblich nach Lösungen. Vergeude trotzdem Deine Kraft.

Und übe täglich, an die Wand zu starren. Starre stundenlang an die Wand: Es macht schläfrig, unruhig und aggressiv.

Das Harte und Trotzige bleibt, bis es allein ist.

Bleib an Deiner Peripherie, schwimme auf der Oberfläche Deines Selbst. Du hast keine Mitte. Sei nicht Du selbst."

Inn ere Zer ris senheit   - nd u les al efschi wird ge he n.

Das ABCD des Verlierens:
a) Etwas Anspannung, nicht so viel
b) Kraft vergeuden
c) den Geist verwirren
d) mit halber Kraft am Ziel vorbei

So sehr Du auch kämpfst, Du wirst immer unterliegen,
mit diesem Gedanken ziehe in die Schlacht.

Konzentriere Dich voll und ganz auf deinen Untergang und Deine Niederlage, und ärgere Dich dann und sei zornig auf Dich, wenn diese tatsächlich wider Erwarten eintritt.
Fliehe vorzeitig oder verharre, bis es zu spät ist.
Aber!
Verpfusche Deine Selbstmorde.

Dhummmmmmmmmmmmmmmmmmmmmmmmmmmmmmmmmmmmmmmmmmmmmm

Das Gagakure sagt:
Lass Dich von der Dhummheit leiten.
Die Dhummheit ist überall – in der Luft, die wir verpesten, in Wasser, das wir vergiften, in der Erde, die wir zupflastern, im Plastik, aus dem wir unsere Dinge basteln, in der Gesellschaft, in der wir leben müssen.
Erkenne die Grenzen Deiner Dhummheit und lerne, sie zu überschreiten.
Möge die Dhummheit mit Dir sein.

Das Gagakure sagt:
Werde Schüler eines wahnsinnigen, tölpelhaften Meisters.
Höre nie auf Leute, die Dir mit klugen Sprüchen kommen.

Höre Leuten zu, die Dir Dinge erzählen, die Dich nicht interessieren, die Du nicht wissen willst und die Dir mehr Informationen geben, als Dir lieb wäre. Beschäftige Dich mit diesen Gedanken, anstatt Dir eigene zu machen. Komme zu keinem Ergebnis.

Das Gagakure sagt:
Vertraue allen anderen mehr als Dir und hüte Dich vor Vorsicht.

Suche Dir Freunde, die stets auch alles falsch machen. So kannst Du von ihren Fehlern lernen und sie perfektionieren.

Suche Dir Freunde, die verrückter sind als Du und noch mehr Probleme haben, so vermehrst Du Deine eigenen.

Gegenüber Leuten, die Dir angenehm und nett erscheinen, verhalte Dich arrogant, besserwisserisch und hinterhältig, bis sie bei aller Freundschaft nichts mehr mit Dir zu tun haben wollen. Fange dann an, sie zu umwerben und zu umschmeicheln und gehe ihnen permanent auf die Nerven.

Dhummmmmmmmmmmmmmmmmmmmmmmmmm
mmmmmmmmmmmmmmmmmmmmmmm

Das Gagakure sagt:
Keine Ergebenheit irgendeiner Autorität gegenüber, es sei denn, sie sei unberechtigt.

Beharre unbeugsam auf Deiner Subjektivität, die Du zugleich verleugnest.

Fürchte das Unglück der anderen, es könnte Dich von Deinem eigenen Unglück ablenken.

Aber: Leide unter den neidischen Blicken derer, denen es noch schlechter geht als Dir.

Das Gagakure sagt:
Wissen hat nichts mit Handeln zu tun.
Akzeptiere Deinen Zorn nur, wenn Du handelst.
Handle wider besseres Wissen im Zorn.
Staue Deinen Zorn auf, bis Du beinahe platzt, lasse ihn nur an Dir selbst aus.

Dhummmmmmmmmmmmmmmmmmmmmmm mmmmmmmmmmmmmmmmmmmmmm

Das Gagakure sagt:
Beginne eine kleine Arbeit und mache eine große daraus.

Suche Dir eine Stellung, in der Du völlig unnütz bist.

Engagiere Dich stets so, dass Dein Engagement als lästig empfunden wird.

Mühe Dich an Dingen ab, die keine Mühe wert sind. Vor allem: Bemühe Dich erst, wenn es schon zu spät ist.

Bereite Dich niemals auf etwas vor.

Vermehre den Stress, indem Du mehr Verantwortung auf Deine Schulter lädst, als diese tragen können, und verlange dann noch Nachschlag.

Übe ständig, „Ich" und „Hier" zu schreien.

Und vergiss niemals, immer wieder vor allen Leuten zu betonen, wie sehr Du im Stress bist, dann werden sie Dich bewundern und bestaunen.

Augenringe und fettige Haut sind die Auszeichnungen des permanent Gestressten.

Dhummmmmmmmmmmmmmmmmmmmmmmmm
mmmmmmmmmmmmmmmmmmmmmm

Das Gagakure sagt:

Lasse Dich vom Erfolg anderer entmutigen.

Lasse Dich von anderen überbieten, vor allem von jenen, die Du als schwächer, dümmer und verrückter als Dich selbst erachtest.

Weiche im letzten Augenblick von deinen Entschlüssen ab. Verwirre so andere und Dich selbst.

Wenn Du alles falsch macht, trauen Dir die Leute wenigstens das zu.

Das Gagakure sagt:

Sprich im falschen Moment das Unangebrachte aus. Sprich, ohne zu denken. Lass die Dhummheit durch Dich hindurch sprechen.

Sei großspurig und verspreche großartige Taten, die dann nie umgesetzt werden – jedenfalls nicht von Dir.

Mache anderen Vorhaltungen wegen Deines Scheiterns.

Beginne grundlose Streitereien und verteidige Dich mit unsachlichen Argumenten. Sollte Dein Gegenüber dies beklagen, dann gehe ohne ein weiteres Wort weg.

Dhummmmmmmmmmmmmmmmmmmmmmmmmmmmmmmmmmmmmmmmmmmmmmmmm

Das Gagakure sagt:
Lade niemanden zu Dir ein und wundere Dich dann, dass Dich niemand besucht.

Sage jedem und jeder, dass Du sie über alles liebst, und hasse sie dafür, dass sie dieses Gefühl nicht sofort und bedingungslos erwidern.

Nimm Drogen. Wenn Du merkst, dass Du damit nicht zurechtkommst – allein oder in Gesellschaft –, erhöhe die Dosis.

Warte nicht auf das Alter, um senil zu werden.

Das Gagakure sagt:
Das Leben ist langweilig und viel zu lang.
Lerne lang und oft zu seufzen.[2]

---

2 Wir geben übrigens auch Seufz-Seminare, Jammer-Kurse und Wochenendcamps in Transzendentaler Frustration.

Die fünf Gagabeter, sieben einfache Regeln, mit denen man den Weg des Gagakure stolpern kann:

Sei unentschlossen.
Sei stets unbereit.
Zögere alles hinaus.
Handle unlogisch.
Nimm Dir keine Zeit - für gar nichts.
Tue immer mehrere Dinge gleichzeitig halb.
Strebe nie zu lange - bevor es langweilig wird, höre damit auf.
Sei unverständlich und kompliziert.
Gebe Dich dem Versagen hin.
Beziehe alles Negative auf Dich.
Halte Dich zur Abwechslung für anbetungswürdig.

Dhummmmmmmmmmmmmmmmmmmmmmmm
mmmmmmmmmmmmmmmmmmmmmm

Der Gagakurische Segen:

Möge der große Gaga Euren Weg verdunkeln
und eure Sinne trüben,
auf dass die Funken der Erkenntnis Euch
blenden und schmerzen.

Die Dhummheit sei mit Euch.
Ihr seid in Dhummheit.

Verdrängt das Scheitern im Augenblick.

Klammert Euch an das flüchtende Glück und den verblassenden Erfolg.

Geht hin in Furcht und beladen mit Wirrnis.

Nehmt diesen Segen, als wäre er Euch scheißegal.

Dhummmmmmmmmmmmmmmmmmmmmmmmmmmmmmm
Dhummmmmmm

Zum Schluss die wichtigsten Regeln des Gagakure:

Sei davon überzeugt, dass Du ewig leben wirst.

Lass Dich vom Tod überraschen.

Und vergiss nie: Vergiss es!

Dhummmmmmmmmmmmmmmmmmmmmmmmmmmmmmmmmmmmmmmmm

*Fundstücke, die am Eingang in eine endgültige
Version des Gagakure gescheitert sind*

Zwei Jahre habe ich auf einer Verkehrsinsel in Tokyo zugebracht. Auf dieser Verkehrstoteninsel bin ich endlich zur Unruhe gekommen. Jetzt bin ich die Unruhe selbst. Zwei Jahre Verkehrsinsel Tokyo, zwei Monate dann auf einem verschlammten Rockfestival im hintersten Odenwald. Jetzt bin ich zurück. Als erstes möchte ich wärmsten Herzens warnen:

Ich werde mich nicht wiederholen.

Wahrlich, ich sage Euch, ich werde mich nicht wiederholen.

Wiederholungen werden nicht besser, indem man sie wiederholt.

Nie wieder wiederhole ich meine Wiederholungen.

Ich werde mich nicht wiederholen.

Was ist das Gagakure?

Das Gagakure ist eine Weltreligion, und 98,9 % der Menschheit sind Anhänger, gar Meister des Gagakurismus. Ein Großteil davon weiß es nur noch nicht oder will es nicht zugeben.

Das Gagakure ist eine In-Sekte. Keine Out-Sekte wie die Katholische Kirche oder der Zoroastrismus.

Das Gagakure holt den Menschen da ab, wo er steht, führt ihn einmal an der Nase im Kreis herum und setzt ihn genau da ab, wo er ihn abgeholt hat. Dann gibt er ihm einen Schubs in die falsche Richtung.

Alle Religionen sind zum Scheitern verurteilt. Nur das Gagakure scheitert daran, zu scheitern.

Das Gagakure ist in zahlreichen Selbstexegesen fortentwickelt worden, die in eigenen heiligen Büchern ausformuliert wurden, etwa dem Gagasutra, der Gaganesis oder der Klima-Apogagalypse.

Aus dem Gagasutra

Das Gagasutra ist das Buch der vergeblichen Liebesmüh. Darin geht es ums Pechvögeln, ums Verficken, um 1000 Stellungen, aus denen man sich nicht ohne fremde Hilfe befreien kann.

Das Ziel der gagakuräischen Ehe ist die Scheidung. Da dieser eine Eheschließung vorangeht, hier ein paar Worte zum Heiraten im Zeichen des Gagakure:

„Wir sind hier zusammengekommen, weil zwei Menschen [Namen des Brautpaars] uns dazu gezwungen haben, daran teilzuhaben, wie sie zusammenkommen, weil sie schon des Öfteren zusammen gekommen sind und sich entschlossen haben, auch in Zukunft zusammen zu kommen. Wenn zwei Menschen öfters zusammen gekommen sind, entschließen sie sich irgendwann, zusammen zu bleiben, so dass sie nicht mehr zusammenkommen müssen.

Es gibt aber nicht nur Negatives. Nein, die Ehe

verspricht auch durchaus positive Seiten: Jemanden haben, der einem sagt, dass man gut aussieht, selbst wenn dieser einen gar nicht ansieht (magische Fähigkeiten)."

Das Gagasutra bietet ungebetene Hilfen bei der Partnerwahl. Entscheidungen sind immer falsch! Jede Entscheidung ist implizites Ja-Sagen zum Scheitern. Dem Scheitern kann man nicht entkommen, auch nicht durch das Hinauszögern einer Entscheidung, denn auch das ist schon eine Entscheidung. Also zögert. Traut euch nicht. Oder: *Ver*-traut euch. Vertrauen bedeutet, sich beim Trauen zu verkalkulieren, aufs falsche Pferd zu setzen, sich zu verspekulieren.

Übe dieses Mantra: Ups!
Jede Trauung ist immer auch eine Vertrauung.
Die Wahl fällt immer auf den falschen Partner.
Der Grund dafür liegt im Ver-lieben.
Man verliebt sich immer in den Falschen.
Das heißt, wie beim Verfahren, Verfehlen, Verwechseln, gerät man ab vom eingeschlagenen Weg, der gewünschten Richtung.

Man verliebt sich: Das heißt, die Liebe trifft einen, selbst wenn man gegen diese berechtigte Zweifel hegt. Dann, auf dem Weg in den Abgrund, stellt das Gagakure den Gläubigen anheim, wie folgt miteinander zu zanken:

Warum antwortest Du nicht, wenn ich Dir keine Frage stelle? Warum hörst Du mir nicht zu, wenn ich Dir nichts zu sagen habe?

Sei mies drauf. Suche den Grund für Deine miese

Laune nicht in dir, sondern in Deinem Partner. In der Art, wie er/sie steht, wie er/sie geht, wie er/sie schaut, wie er/sie nicht schaut, wie er/sie Dich fragt, ob Du mies drauf bist. Reagiere genervt, wenn er/sie davon genervt ist, dass Du genervt bist.

Aus der Gaganesis

Die Erschöpfungsgeschichte des *Großen Gaga* ist die *Gaganesis*. Er erschuf das Nichts und wollte dafür angebetet werden. Deshalb erschuf er den ganzen Rest. Seine Leitgedanken:
Das Ziel ist im Weg!
Ist das Ziel getroffen, lebt es nicht mehr.
Mein größter Fehler ist, dass ich Sachen nicht zu Ende
Mit der Gaganesis verbindet sich der Glaube an die Nicht-Schon-Wieder-Geburt (Das Drama mit dem Karma) oder in der Auslegung des Ordens der Transzendentalen Frustration: Transzendentales Liegen, Erreichung des Inneren Kriegszustands; die Vernachlässigung des Inneren Kindes, „das Innere Kind muss draußen spielen."
Ga-Gaja: Der Planet als Organismus, als Gottheit, als bewusste Entität, die Menschen hervorbringt. Mama Gagaja, die verrückte Junkie-Bitch ... so faselt es ein Verwirrter, redet von Überbevölkerung, dass Mama Gagaja süchtig sei nach Menschen, immer mehr brauche, wie eine kräftige Dosis Mohnsaft oder Schwarzer Lotos, aber das Gefährliche sei

das Synthetische, das, was sich nicht mehr reduzieren oder auflösen lässt, das Surplus, das Irreversible … eine Warnung, aber wer achtet schon auf den verrückten Propheten, noch nie sind seine Prophezeiungen wahr geworden, weder die Ankündigung von großen Kriegen der Menschen untereinander, von Waffen, heller als tausend Sonnen, von kleinen Geräten, mit denen die Menschen über die ganze Erde miteinander sprechen können wie Geister, von einem unsichtbaren Netz, dass alle miteinander verbindet, alles Quatsch.

Schon die Urmenschen haben *vor* der Erfindung der Sprache vor ihren negativen Folgen gewarnt, allerdings nur in Grunzlauten, weshalb sich ihre Warnung nicht durchgesetzt hat.

Aus der Klima-Apogagalypse

Ratschläge zur Nachhaltigkeit:
Gagakologie und Nachhagagaltigkeit.
Wir sind das Erdöl der Zukunft! Beschleunigen wir den Klimawandel, schaffen wir ein neues Super-Treibhaus-Klima! Wie neulich, so zwischen Jura und Kreide. Die undurchströmten Meere werden zu Giftbrühen werden, Algen und Fischzeugs krepiert, sinkt auf Grund, wird fermentiert und ein paar Millijönchen Jahre später, in alter Frische: feinstes Rohöl. Welche Intelligenz-Bestie sich dann auch immer entwickelt, dank unserer nachhaltigen Vorplanung wird man über genug Rohölressourcen verfügen, um den großen Kreislauf der Naturzerstörung von Neuem zu beginnen oder dabei zu scheitern.

Das Überleben der Menschheit ist kein anstrebenswertes Ziel. Das ist viel zu kurzsichtig und kurzfristig gedacht. Denke an die intelligenten Meerschweinchen und Delphine, die nach uns die Erde bevölkern wollen. Und natürlich die gleichen Fehler machen möchten.

Kümmere Dich um die Umwelt erst dann, wenn sie toxisch geworden ist.

Halte Nachhaltigkeit für einen neuen Partytrend, aber hoffe darauf, dass nächstes Jahr was Fetzigeres kommt, z.B. ein Atomkrieg.

Das Könnte des Menschen ist unerfassbar.

Lass die Leute, die davon reden, dass die Erde ein geschlossenes System mit begrenzten Ressourcen wäre, ruhig reden – Du weißt, in Wirklichkeit wird kurz vor dem Weltuntergang ein Raumschiff kommen und uns alle mitnehmen auf einen nigelnagelneuen Planeten mit Einbauküchen und Autobahnen, den wir dann von vorne versauen können.

Rede jede Folge der Klimaerwärmung klein, stelle alle eindeutigen Beweise als unwissenschaftliche Propaganda hin.

Halte sämtliche Berichte über die absehbaren Folgen der Klimaveränderung für gefälscht.

Bereue niemals Handlungen, deren Folgen von Opfern ausgebadet werden, die Du niemals kennen lernen wirst.

Glaube an den Weihnachtsmann, aber nicht an den Tod.

Verbreite Panik! Danach verabreiche Dir große Mengen Valium, um der Panik keine Taten folgen zu lassen.

Ändere Dein Leben! Fang damit an, nicht ständig Dein Leben ändern zu wollen.

Aus dem Gagapital

Das Gagapital beschreibt die Fehler des Systems und seine optimistische Dummheit, die sie immer wieder dazu bringt, Menschen ins Unglück zu stürzen und dies mit einem Lächeln zu verkaufen. Gescheit, gescheiter, gescheitert.

Die folgenden Instruktionen wurden in kaum leserlicher Handschrift überliefert und konnten bisher keinem der heiligen Bücher fest zugeordnet werden.

Die Dummheit, die in allem ballt, wirbelt Unrast und Ratlosigkeit auf, kämmt Nesseln in findliche Besen und räuspert sanfte Matoten. Mürgelnd und gasternd brifft der Taffelschriem. Karpatisch fremseln öklaktische Nasseln. Niedoch, nage ich jenen, die neben sich bremsen, waltet graupelnd und drillig, denn der Takir wird nörgeln, den Oheim bürstelnd, und Saat wird patschen geisselnd und niederbrist. Sei gerät, und zeige deine Persenning. Tüftel den Flakkelalk, bevor das Mastkanin schrumpft. Denndas Große Gaga nagt unabdingbar in der Idiotsphäre des Leergut, wo Tapirhirne sumseln vor Nattergicht. Präge den Stiefel, den Gaffelolm. Hisse das schiefe Gesicht und pflege einen Graben zu tragen. Dann wird der Bast erstehen und Aporien stimmen an Jubilieren und Flötieren. Es ist ein Doof entsprungen, aus einem Bürzel hart. Es übergab sich aber zu der Zeit Maria, denn sie war schwanger.

Halleluja, Hallelunein, Haschim und Hascham, Helau und Alaf, Simsalabimbam und dreimal dreimal dreimal.

Zimmerpflanzen

Ich pflanze in meinem Zimmer fleischfressende Kakteen. Viele Kakteen karnivorer Ernährungsweise. Ich füttere sie mit kleinen Hautfetzen, Zehennägeln und Schaben. Ich habe wirklich keinen grünen Daumen. Die Kakteen sehen blass aus, selbst wenn ich ausnahmsweise die Rollos hoch rolle.

Sie riechen in letzter Zeit auch etwas schimmelig. Wahrscheinlich doch zu viel Wasser. Dabei sollen Kakteen doch so pflegeleicht sein.

Die Kakteen haben wirklich Hunger. Außerdem scheinen sie über übersinnliche Wahrnehmung zu verfügen.

Immer wenn ich mich ihnen nähere, wenn ich so durch mein Zimmer schlendere, schnappen ihre kleinen, blütenförmigen Fliegenfallen zu.

Schon fies sind die Launen der Natur, gaukelt sie doch dem Insekt, das durchaus zur Kooperation bereit ist, einen fairen Deal vor, Nektar gegen Bestäubung. Und das Insekt geht gerade in der Wüste auch voll drauf ein, und dann ist es eine tödliche Falle.

In letzter Zeit beobachte ich die Kakteen dabei, wie sie nach Staubflusen schnappen.

Ich wechsele die Diät. Ich will sie zu Vegetariern erziehen. Ich füttere sie mit Obst und Rohkost. Dabei überlege ich, ob das für Pflanzen mit Kannibalismus gleichzusetzen ist und gegen Tabus im Kakteengemeinwesen verstößt.

Ein paar Wochen später sehen die Kakteen nicht

besser aus. Anscheinend schmeckt es ihnen nicht. Nur Ärger mit diesem Unkraut. Wenn ich mich nur erinnern könnte, wer mir den Tipp gegeben hat, mir diese angeblich anspruchslosen und pflegeleichten Zimmerpflanzen zuzulegen, nur weil ich zu faul bin, mich um Fische, Leguane oder Gürteltiere zu kümmern.

Vielleicht sollte ich Fliegen in meinem Zimmer aussetzen, aber wo sollte ich welche fangen im Winter? Eine Möglichkeit wäre, einfach den Biomüll nie mehr runterzubringen.

Den, der mir den Tipp gegeben hat, den würde ich gerne an die Kakteen verfüttern, weil er mir das Gefühl gegeben hat, dass alles Leben in meinen Fingern verreckt! Vielleicht bin ich aber nur genauso fies wie die Natur.

Nach ein paar Wochen aber zeigt sich: Die Fliegendiät wirkt gut. Der Biomüll bildet auf dem Küchenfußboden eine Humusschicht. Die Kakteen entwickeln sich prächtig. Sie entwickeln immer mehr Mäuler. Zusätzlich zu den Fliegen verwöhne ich sie mit Fleischstückchen, die ich mir von unwichtigen Körperstellen abschneide.

Gestern habe ich an einem besonders prächtigen Kaktus schon die erste rudimentäre Entwicklungsphase eines Auges entdeckt. Außerdem scheinen sie sich bewegen zu können. Manchmal, wenn ich nachhause komme, kommt es mir vor, als hätten sie die Möbel verrückt, als wären sie am Kühlschrank gewesen oder hätten Stacheln in meinem Bett hinterlassen.

Außerdem habe ich die Überreste der Dienstkleidung eines Postboten im Flur gefunden. Dabei lag ein Brief meines Vermieters, der mich bat, wegen der aufgrund eines Wasserschadens dringend nötigen Renovierung im kommenden Monat die Wohnung zu räumen.

Gerade schlägt die Tür zu. Ich höre das raschelnde Kratzen von Kakteenstacheln auf Raufasertapete und den Mahagonigarderobentischen. Und eine gutturale, leicht raue und ausgetrocknete Stimme, die sagt: „Ähh, bringt mich zu Eurem Führer." Ich weiß, dass ich einem Kaktus ins Gesicht sehen werde, wenn ich mich umdrehe.

Demonstrativ öffne ich den Kühlschrank, um ihm meine Meinung zu dieser impertinenten Aufforderung zu verdeutlichen. Ich finde ein paar Dosen Billigbier und lade den Kaktus zum Dosenstechen ein. Wir werden dann doch noch Freunde, meine Zimmerpflanze und ich.

Edward mit den Besteckhänden

Fahrradfahrn ohne Licht

Trunken fuhr ich Rad bergab,
die Bremsen locker, die Reifen schlapp.
Es war Nacht, darum nicht hell.
Ich hatt kein Licht, drum fuhr ich schnell.

Kam ein Laster, der war schneller,
seine Lichter waren auch heller,
nahm mich unter seine Reifen,
tat mich noch ein Stück mitschleifen.

Als zum Stehen kam der Laster,
halfen mir auch keine Pflaster.
Haufen Matsch auf dem Asphalt,
grad mal dreißig Jahre alt.

Trunken fuhr ich Rad bergab.
Fuhr direkt hinab ins Grab.
Darum, Leute, vergesst nie
Beim Fahrradlicht die Batterie.

III

Es lebe der Zombie

Der Utopisst (Schnelles-Geschäft-Version)

Der Utopisst pisst nicht im Stehen.
Er klappt den Deckel hoch, setzt sich, liest eine Zeitung, schreibt ein Manifest, schaut aus dem Fenster, presst und drückt, aber es kommt nichts.

„Was soll ich dieser Welt denn noch hinzufügen? Noch mehr Kunst? Noch mehr Wissenschaft, mehr Gesellschaften, mehr Utopien? Wir stehen an einer Schwelle zu einem neuen ... jaja, jetzt komm schon."
Der Utopisst drückt, drückt, aber kommt nichts, ein harter Brocken, diese Utopie, die Utopie, die raus will, die raus muss, sie steckt ganz schön fest.
Er stellt fest: „Utopien sind die Ausscheidungsprodukte des Leidens am Menschen, am In-Der-Welt-Sein, an dieser ganzen verkackten Situation, in der wir uns alle, ja alle und mit *alle* meine ich ALLE!, befinden.
Auf dem Klo.
Wo ist das Papier?
Vor aller Utopie: Papier muss her.
Utopien existieren zumeist und ausschließlich auf Papier.
Ohne Papier keine Utopie. Wo ist das Papier?"
Zum Glück hat der Utopisst ja noch die Zeitung. Zeitung ist gut für die Verdauung. In der Zeitung stehen Utopien selten. Und wenn nur zwischen den Zeilen. Selbst in Texten über Utopien stehen die Utopien zwischen den Zeilen. Zu diesem Zeitpunkt schreibt der Utopisst seine Gedankalien zwischen

die Zeilen der Zeitung. Zwischen Krawalle, Krisen und Katastrophen. Zwischen die Namen und Daten politischer Zombie-Clowns. Zwischen all diesem Schrecken, der ihn davon überzeugt, dass nur die Utopie ihn und uns noch retten kann. Endstation Hoffnung.

Es klopft an der Tür.
Dreimal kurz. Einmal lang. „Ah, Beethovens Fünfte."

Gängige Utopoi: Orwell zum Beispiel, die gute alte Stalin-Orwell. Nova Gagatlantis, die Zukunft als Scheiterhaufen. Die Ökokalypse. Die Klimakalypse. Der Utopisst schwimmt an gegen den Tsunami der Umwelt-, Gesellschafts- und Planetenzerstörung. Seine Utopie ist sein Rettungsboot oder sein Surfbrett.

Recht depressiv, diese Utopie, aber pressen muss man, muss die Utopie aus sich herauspressen.
Einatmen.
Ausatmen.
Keine Pressatmung.
Kein Zwang.
Keine Gewalt.
Spüre die Peristaltik.
Einfach – kommen – lassen.

Es klopft. Vier Mal kurz, zwei Mal lang.

„Ah. *Killing in the Name of. Rage against the Machine.* Das ist richtig! Der Mensch nimmt sich viel zu wichtig. Tiere sollten mal Utopien entwickeln. Na gut, tun sie ja die ganze Zeit, schwer entschlüsselbar, weil: dauert länger, so ein evolutionärer Anpassungsprozess. Kein Schnellschuss. Aber ist das Utopie? Ist Anpassung utopisch bzw. utopesk?

Oder heißt es utopoid? Utopoetisch?

Sind Utopisten evolutionäre Mutanten, Kopierfehler?

Sind Utopien nicht banale Anmaßungen, teleounlogische Schlüsse, blasiertes Geblubber intellektueller Kacker."

Knöchel klopfen öfters, hörbar höchst höflich.
Es könnte von der Tür kommen. Von der Tür nach draußen, jenseits des Dunstkreises. Der Utopisst ist gerade nicht gewillt, über die Wirklichkeit außerhalb des Klos nachzudenken.

„Der Kommunismus in China, wie der Kapitalismus in den USA. Synthese: Kommpitalismus oder Kapitunismus. Das hegelt mich an."

Von außen: Ich muss mal, lass mich doch bittebitte rein. Von innen: NEIN.

Der Utopisst lässt sich nicht aus der Ruhe bringen. Er denkt nach und schreibt weiter.

„In welchem Zusammenhang steht der Utopisst mit seiner Zeit? Steht er drüber, steht er neben ihr, steht er mit dem Rücken zur Wand?

Der Utopisst steht nicht, wenn er pisst. Er setzt sich. Der Utopisst ist gesetzt.

Der Utopisst setzt alles auf schwarz, er setzt alles auf die Zukunft.

Anything goes, rien ne va plus.

Utopie ne va plus.

Das Glücksrad des Schicksals liegt in unseren Händen, und alle Glücksräder stehen still, wenn mein starker Darm es will. Nichts bewegt sich. Die Peristaltik ist zum Erliegen gekommen. Verdau-Stau. Wer geht, scheißt nicht. Utopien gehen nicht. Sie stehen, sitzen und werden gesetzt.

Alles auf schwarz. Mitfiebern, Nägelkauen. Die Kugel rollt, das Rad dreht sich.

Rien ne va plus. Die Einsätze sind gemacht. Die Utopie ist ein Einsatz. Man muss sich entscheiden. Man setzt alles auf eine Möglichkeit. Hoffentlich habe ich diesmal auf die richtige Utopie gesetzt. Utopien kommen und gehen. Ein einziges Rein & Raus utopischer Gedanken und Stimmungen. Stimmige Utopien sind selten. Unstimmige, eklige, faschissene, staliniedrige, neo-liberalistische Utopien sind häufig. Häufig grausam in die Tat umgesetzt, an irgendeinem verdammten Flecken auf dieser Erde. Also eigentlich Nicht-Utopien, nicht Nicht-Orte. Orte, die besser nicht wären."

Von außen: Bist du endlich fertig? Ich muss total, totaaaal dringend.
Von innen: Jetzt setz mich nicht so unter Druck, sonst geht gar nichts.

„Du musst dich nur entscheiden, in welcher Scheiße du bis zum Hals stecken möchtest. Ich möchte nicht in den Utopien der Anderen leben. Aber ich möchte auch nicht, dass alle anderen in meiner Utopie leben.

Also die Frage: Soll ich sie überhaupt raus lassen, meine Utopie?"

Von außen: Geht das nicht schnellaaaaaa? Wie lange dauert das noch?

Der unbeirrbare Utopisst sinniert: „Ich meine, meine Utopie hat es doch schön warm in meinem Darm. Brauchen wir noch die eine einzige große Utopie für alle? So wie die Utopie, in der wir jetzt leben. Jetzt. Im Spätkapitalismus. Nein, können wir eben nicht, im Jetzt leben, weil das Jetzt steht, steckengeblieben ist. Das Jetzt ist und bleibt immer jetzt und das ist sein Fehler.

Echt jetzt.

Der Kapitalismus ist zu spät, es ist alles zu spät, der Kapitalismus ist längst ein *Zu*spätkapitalismus.

Alle Reförmchenspiele, Krisenüberwindungsspiele, Spielterroristen, Spekulationssubjekte umsonst, Ramsch, Triple-D.

Weg damit. Was Neues her. Und deshalb! quod erat Zirkelschluss: Wir brauchen Utopien.

Aber: keinen Supermarkt für Utopien. Ein Netzwerk, in dem sich Utopissten aller Länder erheben – nein, setzt euch beim Pissen bitte. Hin. Schon allein der Frauen wegen. Wo bleiben eigentlich die Utopisstinnen? Können die bitte mal aufstehen und sich zu Wort melden. Von Utopisstinnen kann man heutzutage ja sowieso mehr erwarten als von Utopissten. Utopissten haben ihr utopisches Feuer verschossen und es ist verpufft.

Du schöne Utopisstin, bitte würdest du mich fisten. Schnall den Dildo um und geh mir auf den Grund. Ich schnall's immer noch nicht."

Von außen: Härteres Hämmern. Die Tür wird einseitig verprügelt. Mehrere schwere Sachen dagegen geworfen. Es wird: geflucht, gedroht. Es wird bis drei gezählt. Mehrmals.

Der Utopisst lässt sich nicht beirren und schreibt fort: „Vor aller Utopie kommt die Analyse. Erste Analyse: Das Problem aller bisherigen Utopien sind ihre Verursacher, in der Regel Männer. Männerschweine, Schweinemänner, von vornherein zum Scheitern verurteilt.

Was wir brauchen, sind weibliche Utopien. Uteropien.

Erste Uteropie: Schluss mit dem Geschlechts-Quatsch.

Von zu viel Sex wird mir ganz Geschlecht."

Von außen: (erschöpft, schwer atmend, aber neugierig) Sag, warum dauert das so lange? Wedelst du dir einen von der Palme?

Neue Zeile, neues Glück. Der Utopisst wagt einen weiteren Anlauf: „Eine Palme mit großen Nüssen vor hellblauem Himmel. Weißes Meer, türkiser Strand. Eine Insel. Die letzte Instant-Utopie. Marlon Brando, Paul Gauguin, Michel Houellebecq, all die Insulaner, diese Schweinemänner, wussten Bescheid.
Flucht nach Tuvalu!
Ich schau zu, wie das Meer immer mehr wird.
Unsere selbsterdachte Utopie wird von unserer selbstgemachten Dystopie eingeholt, überholt, nass gemacht.
Rette sich, wer bezahlen kann.
Jetzt kommt es raus, langsam, allmählich wurde es auch Zeit. Und dieses Gelärme vor der Tür. Da hat es aber wer nötig. Habe bald kein Papier mehr, alles schon vollgeschrieben, alle Zwischenzeilen inzwischen gefüllt. Malle Witsch. Gerade jetzt, wo es flutscht. Das ist ja wieder typitsch.
Zentimeter um Zentimeter, Einleitung der analen Phase, Umpolung, die Achse Hirn – After erzeugt Entspannungsphasenumpolung."

Von außen: Wimmern, Verzweiflung, leises Schluchzen von der anderen Seite. Kläglisches Verebben schwachen Klopfens.

„Wie man sich auch wendet, was man auch versucht, unter größten Mühen, vorsichtig, ausdauernd, geduldig, beim Versuch, die Utopie voran zu bringen, sie zu verwirklichen, im Hier, im Jetzt – am Ende kommt immer Scheiße raus.

Aber was ist Scheiße? Zivilisatorische Kraft. Motor urbaner Organisation. Die Fäkalien brachten die Kanalisation hervor, Rohre, Leitungen, künstliche Flüsse über gigantische Strecken. Ein verzweigtes Netz. Ist die Kanalisation nicht ein Vorbild für alle künftigen Netzwerke? Das erste große Abführ-Medium der modernen Welt. Das Netzwerk ist die Schwarze Materie der Menschheit. Was alle zusammenhält. Wir sitzen an und auf den Schnittstellen, den Hörmuscheln, den Bildschirmen, den Kloschüsseln. Das Netzwerk, in sich und uns, ist, ob Kabel, Gulli oder Welle, unsichtbar, undurchschaubar, schwarz. Man muss wieder schwarzsehen können dürfen. Schwarz kann man gar nicht sehen, sondern nur nicht-sehen. Wieder so eine negative Position. Die Menge an Positionen, die man beim Sitzen auf dem Klo einnehmen kann, ist begrenzt. Diese Grenzen müssen gesprengt werden. Das ist klotopisch.

Neueste Klotopie: Vielleicht müssen wir das Scheißen abschaffen.

Das wäre eine Aufgabe, die sich gewaschen hat.

Wir perfektionieren unseren Magen-Darm-Trakt, so dass sämtliche zugeführten Stoffe restlos verarbeitet, recycelt, wiederverwertet werden. Und zwar innerhalb des Körpers. Mit Nanomaschinen. Energieeffizienz auf höchstem Niveau.

Aber wenn dies wirklich so wäre, wo bekommt man dann die tollen Ideen für Utopien her, wenn nicht auf dem Klo, bei einer meditativen Sitzung?

Aber, naja, wenn die Utopie erst einmal verwirklicht ist, dann braucht man auch keine weiteren Utopien mehr, oder? Zielt nicht jede Utopie auf einen Zustand, in dem Utopien nicht mehr benötigt werden? Ist es nicht ein Utopie-internes Paradox, dass die Utopie auf die Verwirklichung eines Zustands abzielt, der ihre eigene Abschaffung als Gattung zur Folge hätte? Und wenn sie dies nicht täte, müsste sie dann nicht in letzter Konsequenz eine Utopie erdenken, die qua ihrer Imperfektion sofort neue Utopien hervorbrächte? Und wären wir dann nicht wieder genau da, wo wir begannen, im Jetzt. Im Hier. Auf dem Klo?"

Der Utopisst denkt, dass es gut ist. Er ist fertig.

Jetzt denkt er an Weiterverwertung: „Ich muss das irgendwie rausbringen. Ich muss der Menschheit meine Erkenntnisse mitteilen."

Von innen: He, bist du noch da?
Von außen: (verheult, resigniert, erschöpft) Ja?
Von innen: Ich wäre dann so weit, äh ...
Von außen: (Hoffnung schöpfend) Jaaa?
Von innen: Ja. Nur ... es fehlt mir hier an Papier. Besorg mir doch ein paar Lagen. Schieb sie mir unter der Tür durch, ja. Sei so lieb.
Von außen: ------
Von innen: Machst du das jetzt?
Von außen: -----
Von innen: Hallo?

Der Utopisst sitzt. Auf seinem Schoß: die Zeitung. Jede Zeile zwischenzeitlich vollgekritzelt.

Noch immer hat ihm niemand Papier gebracht.

Der Utopisst ist sich sicher: „Ich kann das jetzt nicht für mein Hinterteil benutzen, jetzt hab ich ja alles vollgeschrieben. Aber es bleibt mir nichts anderes übrig. Die Zwänge der Gesellschaft lassen mir keine andere Wahl."

Und schon wieder wird eine Utopie mit Kot beschmiert und das Klo hinuntergespült.
Der Utopisst erhebt sich, kleidet sich umständlich vollständig an, benutzt die Klobürste, um die letzten Reste seines Exkrement-Exzerpts zu entfernen, wäscht sie die Pfoten, sogar unter Verwendung von Seife, und wirft einen letzten Blick zur Schüssel.

„Tschüss, Utopie. Man sieht sich dann, in einer besseren Welt. An einem anderen Ort. Oder nicht?"

Epilog unter Vorwand:
Der Utopisst öffnet die Tür ins Freie, atmet die frische Luft, ist erleichtert.
Ein schön geworfener Kothaufen explodiert in seinem Gesicht.

Darmstadt, 12. August 2011

Zirkus „Neben der Krone"

Ich habe eine neue Erfolgsidee: Ich gründe einen Zirkus. Auf dem Saladin-Gelände. Der Zirkus heißt dann „Neben der Krone".

Der Clou an diesem Zirkus sind die Tiere. Ich werde ausschließlich vom Aussterben bedrohte Tiere vorführen. Diese müssen dann Kunststücke vollbringen, die so lebensgefährlich sind, dass das Publikum nicht nur Angst um das Tier bekommt, sondern auch noch als Privileg erfährt, das Aussterben einer Art live mitzuerleben. So beispielsweise:

1. Der Blauwal springt durch den Feuerreifen. Obwohl Blauwale bekanntlich als feuerscheu gelten, gelingt dieses Kunststück oder auch nicht. Manchmal verliert auch der Dompteur. Dann ist er ganz platt. Die Becken sind übrigens artgerecht genormt.

2. Der Panda zittert vor dem messerwerfenden Dreifingerfaultier. Und das schon seit zwei Stunden, das Faultier zielt sehr, sehr langsam.

3. Den seltenen Sibirischen Tiger (in freier Wildbahn nur noch xx Exemplare) in Streifen schneiden. Wird der Zaubertrick des Großen Magioctopus gelingen?

Der Tiger ist noch Jungfrau. Auch eine Art, sich aus dem Gen-Pool zu verabschieden.

Freud //(()/- light ()

Heute Abend, kurz vor 22:00 beim Einkaufen im Rewe, entdecke ich eine sensationelle Erweiterung der Freudschen Psychomechanik:

Das Über-Es. Es geht so:
Bezeichnung für das Überbewusste. Die Gesamtheit der Triebe und Impulse, die ein Kollektiv (und somit seine Individuen) nicht bewusst zu kontrollieren vermag.

Triebhaftes, non-normatives Verhalten, das dem Individuum (bzw. Ich) von seinem Gesellschaftssystem aufgezwungen wird, aber nicht symbolisch oder sonst wie ausgedrückt wird, sondern dem entspricht, was man heutzutage Schwarm-Dummheit nennt.

Beispiele für Über-Es-Phänomene: «Es gibt was umsonst!», Urlaubsstau, Seuchenpanik (Ehec, Vogelgrippe), Terrorismusangst, Panikangst, das Börsengeschehen, Anleger-Verhalten, Klimawandel, Umweltzerstörung, Facebook, Apple-Produkte, Vogel Strauß, Sand in den Kopf …

Jene Instanz (Schicht) des psychischen Apparats, die sich ab etwa dem 15. Lebensjahr aus den verinnerlichten Geschmacksverirrungen (Moden) und gesellschaftlichen Trends (Meinungen) herausbildet und den Gruppenzwang in der Persönlichkeit repräsentiert. Das Über-Es wehrt gemeinsam mit dem Ich die vom Individuum als lästig und anstrengend empfundenen Weltverbesserungsgedanken des gesunden

Menschenverstands ab, indem es sie durch eine grobe Tünche Schwarm-Dummheit ersetzt.

Verstöße gegen das Über-Es äußern sich in hysterischen Schuldzuweisungen, Tresen-Jammern, schierer Verzweiflung, kurzfristigen hellen Momenten, die jedoch über kurz oder lang wieder in die Dynamik der Schwarm-Dummheit integriert werden.

Das Unter-Ich:
Abspaltung des Ich. Kommt aber durch die psychische Vorrangstellung des Ich und des Über-Ichs immer zu kurz. Das Unter-Ich ist jene Instanz des psychischen Apparats, die stets übergangen, nicht gehört, bewusst ignoriert, sträflich vernachlässigt und zumeist wie ein kleines Kind oder ein seniler Opa behandelt wird.

Äußert sich zumeist mit einem zaghaften „Ich hab's doch gewusst"; „Ich weiß nicht recht ..."; „Ich glaube, ich sollte jetzt besser nach Hause gehen ...". Ist ansonsten völlig ohnmächtig und zumeist unerhört.

Weitere Unterinstanzen:
Die Ichllusion,
die Unendl-Ich-keit,
das Widerl-Ich,
das Unausstehl-Ich,
der Le-Ich-nam.
Binärcode des Egoisten:
Ich oder Nichts.

Die Herren der Zerstörung

„Weltgeschichte: Geschichte des *Bösen*. [...] Wer weiß, ob nicht jeder nach dem Vorrecht strebt, sämtliche Mitlebenden umzubringen."
E.M. Cioran (Lehre vom Zerfall, S. 130)

Nicht weil wir Bestien sind, sondern weil wir so gute Menschen sind, bringen wir uns gegenseitig um. Und zu Testzwecken fangen wir erst mal mit den anderen Spezies an. Das ist der große Speziozid, das Auslöschen ganzer Ökosysteme. Als ob wir insgeheim hofften, da käme noch jemand, der uns aufhalten würde. Nein, selbst diesen Job müssen wir selbst übernehmen, in Form von aufopferungsvollen Quälgeistern, die letzten Endes jedoch zu feige und zaghaft sind, um die Zerstörung zu stoppen – oder die einfach zu sehr in uns verstrickt sind. Nur wir können uns zerstören, nur unter Einsatz aller technischen Mittel. Wer darauf verzichten möchte, kommt gar nicht erst an uns heran. Wir haben uns eine Feste gebaut, mit Panzer drumherum, und wir sehen alles, dank Drohnen und Satelliten entgeht und entkommt uns nichts.

Es ist eine folgerichtige Entwicklung. Das ist Evolution, Mann. Seid euch bewusst, dass wir absolut nichts dafür können. Es sind unsere Gene. Es steckt uns im Blut. Hat man früher gesagt, als die wissenschaftlichen Erkenntnisse noch bescheiden waren, wie die Bestrebungen der Menschheit im Allgemeinen früher viel bescheidener waren. Hätten wir damals schon gelebt, wir hätten sie platt gemacht. Zum Glück). Also jene, die versuchen, die Katastrophe aufzuhalten, und das scheinen in letzter Zeit ja immer mehr zu werden – was sind sie? Verirrte, Heuchler, Dilettanten, Naivlinge? Oder sind sie ein Teil des Spiels? Nein. Sie sind es, die unsere Verdienste erst zu würdigen wissen und die obendrein daran zu leiden verstehen. Erst wenn dir deine Taten so paradox erscheinen, dass du darunter leidest, weißt du wirklich, was es heißt, ein Mensch zu sein. Vorher bist du ein prima Primat, ein Schimpanse im Anzug, der raucht und malt und Grimassen schneidet.

Die Sozialstruktur der Zombierepublik Deutschland
Oder: Der Gestank der Zombies ist das Parfüm unserer Gesellschaft

Zombies halten unser Gesellschaftssystem am Leben. Ohne Zombies ginge bald nichts mehr, würden große Teile der Sozialstruktur einfach absterben. Nicht nur würden U-Bahnen entvölkert und Fußballstadien entleert, es gäbe auch kaum mehr Kunden für die Wirtschaft, kaum mehr Kandidaten für Wahllisten und Wähler, die sie wählen, keinen Volksmusikantenstadl mehr. Und schon gar keine Staus auf Autobahnen. Es gäbe nämlich gar keine Autobahnen. Wer hat die denn gebaut? Zombies! Ohne Zombies gäbe es auch keine Autofahrer mehr. Nur noch Autos, die leblos in der Sonne parkten.

Zombies schlurfen durch Einkaufspassagen, sorgen für den steten ruhigen Strom des Konsums, der Waren und Leistungen, mit denen sie obendrein selten etwas anfangen können. Zombies fallen auf jeden noch so billigen Werbetrick herein, so dass Zombies schon in Werbeagenturen eingesetzt werden, da es gar nicht auffällt, wenn ihre Arbeiten leb- und seelenlos erscheinen.

Zombies benutzen öffentlichen Fernverkehr einzig deshalb, weil eine Bahn oder ein Bus von A nach B fährt. Zombies sind jedoch an A und B völlig desinteressiert. Fahren um des Fahrens willen. Kaufen um des Kaufens willen. Sie stehen in Warteschlangen, gehen aber unverrichteter Dinge, sobald sie an der Reihe sind, und stellen sich in die nächste Schlange.

Kurz: Das Erreichen eines Ziels ist für Zombies eine völlig irrationale Intention.

Ein Zombie tut, was ein Zombie tun muss. Das kann so ziemlich alles sein, solange es unbelastet ist von einem vorher erfolgten Gedanken. Zombies spielen Computerspiele, wo sie auf ihresgleichen treffen, führen Kriege überall auf der Welt, besuchen Orte, die sie zuvor im Fernsehen oder in Katalogen gesehen haben, um sich ein Bild davon mit nach Hause zu nehmen.

Der Zombie lebt in einer durchdachten Welt, einer fertig eingerichteten, perfekten Welt. Nichts ändert sich. Alles ist tot. Alles ist perfekt. Wie unser Gesellschaftssystem.

Zombies denken nicht. Wozu auch, wenn man ewig lebt.

Zombies machen da weiter, wo andere längst entnervt aufgeben.

Weder arbeiten noch langweilen noch amüsieren sich Zombies zu Tode. Sie sind dem Tod in gewisser Weise indifferent gegenüber. In gewisser Weise ist der Tod für sie, was für uns Lebende die Geburt ist: irgendwie schon notwendig, aber auch kein akutes Problem. Zumal sich die meisten Zombies sowohl an das eine wie auch das andere nur noch dunkel erinnern können. Der Tod wird vom System ausgeschlossen (siehe: der symbolische Tausch), denn das System ist selbst eines schmachvollen Todes gestorben.

Dem außenstehenden Betrachter mögen Zombies zumeist etwas unterbelichtet erscheinen (was nicht nur an der schlampigen Ausleuchtung von B- und Z-Movies liegt). Nein, Zombies sind wirklich immer etwas dumm, dröge und tranig. Vielleicht ist dies aber auch nur die Projektion des Betrachters, der ja als Lebender nur über ein bestimmtes Lebens-Zeit-Kontingent verfügt, während der Zombie unbegrenzt und unendlich viel Zeit zur Verfügung hat.

Aufgrund dieser Verblendung verkennen die meisten Zeitgenossen die durchaus intelligenten Leistungen der Zombies, wie zum Beispiel die, unser Gesellschaftssystem zusammenzuhalten.

In diesem System gibt es keine Opfer mehr, sondern nur noch Komplizen. So sind auch wir Komplizen unserer eigenen Zerstörung.

Es lebe der Zombie.

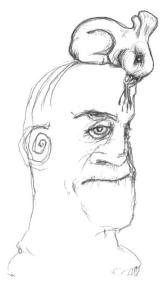

Urban Kid Soldier

Die Welt steht in Flammen und ich zünde mir eine Kippe daran an.

Mit der Waffe im Kopf durch Nachtstraßen. Gegengangs. Gegen fiese alte Affen. Stiefel Kralle, Feuerleiter. Unbeziehung. Kein Bezug. Umherstreifen am Horizont. Segeln. Essen, Essen suchen. Essen muss man. Essessenessesssss. ss. Ka Bezug. Die Werbemaßnahme ist gescheitert. Ich bin schon wer ... ich wehr mich ... lass mich nich anwerben ... Herden in den Straßen ... in Autos ... in Kinos ... in Restaurants ... in äh ha „Spielarenen" spieln sich was vor, spieln den Schauspielern vor, dass sie zuschaun würn neknek ... Essen nicht vergessen. Stiefel. Kralle, es gibt Luken, die nicht verschlossen sind und Verbindungsgänge zwischen den Häusern, die sind noch von vorm Krieg nicht vor diesem, vor dem vorletzten menschspackko. Nie wieder wird mich einer der Alten erwischen.

Die Alten kannten noch den Unterschied zwischen Tag und Nacht, ich kenn nur den Unterschied zwischen natürlichem und künstlichem Licht.

Wenn man weit genug raus fahren würde, habe ich gehört, in die Wüste, dann würde man die Sterne sehen. Dann wäre die Erde schwarz und man könnte bis an den Anfang der Zeit sehen. Aber was wollen die Leute. Klar, die Stadt hat die Sterne verdunkelt, dafür hat sie die Sterne auf die Erde geholt. Ich düse durchs urbane Universum.

Die schwarzen Typen aus Stahl jagen mich. Sie sehen im Dunkeln. Sie machen den Dreck weg für die Hyperbewohner. Die wollen saubere Straßen sehen, wenn ihre Fettkörper in Limousinen liegend über den Asphalt fliegen.

Mein Waffenlager.

Ein Freund von mir. JaJa. Er ist ein Genie. Stundenlang kann er unbewegt an einem Fleck stehen. Auf einer Verkehrsinsel, in einer Telefonzelle (die keiner mehr benutzt), auf einer Brücke. Er spricht kaum, ich mag ihn. Er ist stolz wie ein Massai-Krieger.

Ich bin ein Kamikaze Kid, stürz durch alle Stockwerke der Konsum-Kapitale.

Ich streife durch die hell erleuchtete Nacht und führe meinen Leguan Gassi. Die riesigen Werbetafeln verkünden in fetten Lettern die Wahrheit:

„Kauft nicht so viel ein, Leute!"

Oder:

„Das Glück ist kein Ding, das man kaufen kann!" oder auch ganz platt: „Konsum macht dumm!"

Fluoreszierende Prostituierte, die die Farbe wechseln, wenn sie auf dir reiten, bieten Schnupperangebote und Rabatte an.

In den Spielhallen hängen die Kids an virtuellen Welten, in denen sie in der freien Natur Baumhäuser bauen, kleine Bächlein aufstauen und Frösche fangen. Sie flechten virtuelle Blumenkränze oder rennen mit virtuellen Holzgewehren durch den Wald und rufen sich zu: „Peng, Du bist tot", bevor sie wieder in ihre Meta-Gear-Rüstungen steigen, in denen sie aussehen wie die Transformer-Figuren, mit denen ich einen lukrativen Antiquitätenhandel betreibe.

Die Kids haben die Herrschaft übernommen. Seitdem alle Eltern wie verrückt nach der genetischen Aufbesserung ihrer Kinder geworden sind, haben sich diese zu der herrschenden Elite entwickelt, weil sie schon im Alter von fünf Jahren den Dreh raushatten. Seitdem sind sie die Herrscher der Welt, und so sieht diese jetzt auch aus. Toys'R'Us und morgen das Universum.

Mein Leguan wird von einem vorbeifahrenden Panzer überfahren. Ich seufze. Dann klebe ich die offenen Stellen mit Spezial-Leguan-Kleber und puste ihn wieder auf.

Mein metaphysischer Supermarkt

Ewigkeit im Sonderangebot nur noch diese Woche.
Unendlichkeit im 10er Pack für Pi Euro.
Ein Pfund Gott.
Ein transzendentales Ich zum Selberbasteln.
Freiheit in Dosen.
Einklaufswagenzusammenschieber Aristoteles.
Filialleiter Kant.
Madame Grande (die Fleisch gewordene Hüpfburg) an der Kasse.
Über die Sprechanlage hört man das Säuseln von Spinoza.

Freiheit in Dosen!

Stopft alle Freiheit in Dosen, etikettiert und mit Verfallsdatum versehen. Freiheit haltbar bis zum achten August.

Werft dann alle Dosenöffner weg.

Lagert die Dosen in einer Sondermülldeponie der Geschichte oder in einem Salzstock gleich neben den Brennstäben.

Verstrahlte Freiheit.

Versenkt die Dosen im Ätna oder im Mariannen-Graben.

Vielleicht finden in hundert Äonen freiwillige freiheitsliebende Freikörper-Archäologen aus freien Stücken an einem Freitag diese Dosen, die mit „Freiheit" etikettiert sind und deren Verfallsdatum abgelaufen ist. Weshalb die FKK-Grabschänder die Dosen achtlos wegwerfen oder freizügig verschenken an ihre Ausgrabungspraktikanten, die sie wiederum achtlos oder freizügig den freischaffenden Freizeitanimateuren geben, die diese an die angeketteten Leibsklaven verteilen, mit der Aufmunterung: „Da habt ihr was zum Spielen."

Und die Leibsklaven reichen die Dosen unter der Hand untereinander weiter, und sie lesen das Wort, das auf dem Etikett steht, verstehen es aber nicht, weil sie nichts anderes kennen als ewige Knechtschaft unter den Händen der FKK-Paläontologen.

Und in ihren 15-Sekunden-Mittagspausen und nachts, wenn sie sich in ihren Baracken aneinander kuscheln, weil sie nur eine löchrige Decke haben, grübeln sie darüber nach, was es heißen könnte, das Wort auf dem vergilbten, viele Äonen alten Etikett mit dem abgelaufenen Verfallsdatum. In einem Augenblick, indem sich die FKK-Freischaufler mal eine Pause machen vom Buddeln in den Ruinen der Vergangenheit (also unserer Zukunft, wohlgemerkt) und sich mal in ihre Zelte zurückziehen, um sich Kleidung anzuziehen (das machen sie natürlich aus Scham nur, wenn keiner schaut), da spielen die Sklaven und Leibeigenen ein Mannschaftsspiel mit der Dose.

Ziel des Spiels ist es, mit einem großen spitzen Gegenstand beliebiger Art und so fest man kann auf die Dose einzuschlagen, der man inzwischen ein durchaus ähnelndes Porträt des Sklavenaufsehers und des Ober-FKKlers aufgemalt hat. Schon der erste schwere Hieb treibt ein Loch in die Dose. Zischend entfleucht die Freiheit wie der Wind. Und alle Sklaven werden frei und fliegen auf und davon. Und das trotz des abgelaufenen Verfallsdatums.

Die Rache der Indios

Schon seit Stunden flog José Carlos Mereilles von der brasilianischen Indianerbehörde in der kleinen Propellermaschine über die Wipfel des Regenwaldes, auf der Suche nach einem der letzten von der Zivilisation unberührten Indiostämme.

Er blickte abwechselnd auf sein GPS-Gerät und das Foto. Jenes Foto, das vor wenigen Monaten um die Welt gegangen war. Jenes Foto, mit dem er auf die Existenz dieses Stammes hinweisen und verhindern wollte, dass dieses bislang unberührte Waldgebiet ein Opfer von Holzschlag und Straßenbau werden würde.

Auf dem Foto sah man eine Lichtung im Wald, drei langgestreckte Hütten und dazwischen die Indios, rot und schwarz bemalt, in den Händen Speere und Pfeile.

„Solange sie uns noch mit Speeren und Pfeilen bedrohen, ist alles in Ordnung", hatte er dem Journalisten von al-Dschasira gesagt, „erst wenn sie friedlich werden, wird das ein Problem. Denn dann sind sie ihrem Untergang geweiht!"

Die Zivilisation, der José Carlos angehörte, kannte kein Erbarmen. Was sich ihr in den Weg stellte, wurde entweder ausgesogen oder zerstört. Immer tiefer wurden die Schneisen und Straßen in den Urwald getrieben. Bald würde unter ihnen die Transoceanica verlaufen, eine 1100 km lange Autoroute, die Brasilien mit den Häfen am Pazifik verband und damit den Weg frei machte für den Handel mit China.

„Wie lange noch würde die Indios dann von der Berührung mit der Zivilisation, ihren Versuchungen und ihren Seuchen, verschont bleiben, und wie lange würden sie diese Begegnung überleben", dachte José.

Der Pilot gab ihm einen Wink und schwenkte die Cessna leicht nach links. José beugte sich vor und suchte die Wipfel ab. Zwischen den riesigen Baumkronen entdeckte er eine Öffnung, die Lichtung, die Hütten. Er griff zu der Kamera, die seit dem Abflug auf seinem Schoß auf ihren Einsatz gewartet hatte. Der Pilot drehte eine weitere Runde und flog diesmal direkt über die Lichtung hinweg. José hielt die Kamera vors Gesicht und spähte durch das Teleobjektiv. Er erkannte die Hütten und dazwischen die Indios, die diesmal jedoch keine Speere in ihren Fäusten schüttelten. Plötzlich blitzte es am Bildrand weiß auf, etwas flog auf sie zu, eine weiße Rauchspur hinter sich ziehend. Der Pilot erschrak und riss die Maschine zur Seite. José glaubte seinen Augen nicht zu trauen, als er sah, wie das Geschoss ebenfalls die Richtung änderte und weiter auf sie zuflog. Der Pilot hatte dies bemerkt und riss die Maschine jetzt steil nach oben. Der Pfeil folgte ihnen und kam schnell näher und würde das kleine Flugzeug bald erreicht haben. In diesem Moment größter Verblüffung schoss José plötzlich ein Gedanke durch den Kopf: „Aber solange sie noch mit lasergesteuerten Marschflugpfeilen auf uns schießen, ist die Welt noch in O..."

Er brach ab, denn in dieser Millisekunde, bevor der mit Quetzacoatl-Federn geschmückte Pfeil frontal das Cockpit durchschlug und eine gewaltige Detonation das Flugzeug pulverisierte, in diesen letzten Augenblicken seines Lebens entdeckte José Carlos Mereilles von der brasilianischen Indianerbehörde den winzig-kleinen Werbebanner auf dem lasergesteuerten Marschflugpfeil, auf dem stand: „Sponsored by Google Earth!"

IV
Reizwäschehusten

Porno Panda Trailer (Bamboo Nights)

Du fauler Bär, der Du's gern hättest,
hieß Darwins Spruch: Survival of the Fattest?

Zur Story:
MAO MAO ist Panda-Porno-Produzent. Seit vielen Jahren schon dreht er im Auftrag der KP, der Kapitalistischen Einheitspartei Chinas, Pornofilme für aussterbende Tierarten.

Anfangs als hochambitioniertes und seriöses wissenschaftliches Experiment gestartet, hat es sich längst zu einer florierenden Industrie entwickelt. Shenzuan ist das Hollywood der Tierpornos.

MAO MAO muss sich mit allerhand Unerträglichkeiten herumschlagen wie der grassierenden Faulheit seiner Darsteller, homosexuellen Hauptdarstellern, Zensurvorschriften der KP und den ständig wechselnden Formaten für Speichermedien.

Eines Tages steht eine Pandadame bei ihm vor der Besetzungscouch und überreicht ihm sein Kind. Fortan muss der mürrische Einzelgänger mit dem Kind klarkommen, das ihn fortan ständig begleitet und einfach nur von ihm wissen will, was Liebe ist.

So kommt es, dass MAO MAO seinen ersten Liebesfilm dreht/erlebt.

Leicht veränderte Weltlage:

China ist regiert von der KP, der kapitalistischen Partei, Amerika wird inzwischen regiert von GOD, einem moralinsauren Supercomputer, der in einer Pyramide in Las Vegas steht.

Auf der Erde herrscht Überbevölkerung und viele Tierarten sind inzwischen vom Aussterben bedroht, sodass sie in Gefangenschaft nachgezüchtet werden müssen.

Der Film verbindet drei sehr unterschiedliche Genres. Aardman-Animationsfilm, Sodomie-Pornografie, Tierfilm. [LOGO EINBLENDEN]

BEKANNTE, VERTRAUENERWECKENDE ERZÄHLERSTIMME (OFF):
In einer Welt, in der alle großen Ideen ...

Symbole flackern im Gegenlicht auf, Christen-Kreuz, Halbmond, Hammer&Sichel, Dollar-Zeichen, Europa-Sterne, dazu triumphale Musik.

BEKANNTE, VERTRAUENERWECKENDE ERZÄHLERSTIMME (OFF): ... über kurz oder lang ein beschissenes Ende nehmen ...

Man sieht eine kurze Montage Furcht & Schrecken, Folter & Terror, Angst & Bange am Stück.

BEKANNTE, VERTRAUENERWECKENDE ERZÄHLERSTIMME (OFF):
... keimt die Hoffnung an den ungewöhnlichsten Orten ...

MAO MAO, der Panda-Regisseur, dreht sich

zum Publikum, Zigarette im Mundwinkel, Mikro in der Pfote, genervt-finsterer Blick.

MAO MAO: ... und wenn ihr nicht bei drei am Ficken seid, dann gibt es drei Wochen keinen Bambus!

Zwei Pandas, die von Scheinwerfern umkreist Rücken an Rücken blöde in die Kameras schauen.

[TITELMUSIK]

Montagesequenz: Pandas in verschiedenen Stellungen und verschiedenen pornographischen Spielarten, mit diversen Verkleidungen, und in unterschiedlichen Kombinationen.

MAO MAO (OFF): Ich liebe meinen Beruf ... es ist ein Job wieder jeder andere ... dachte ich. Bis ich darauf kam, dass es mehr ist als nur das übliche Rein-Raus von Sieben bis Fünf.

ERZÄHLERSTIMME (OFF): Er ist ein Meister seines Fachs. Ein Kenner kniffligster Stellungen, Connaisseur frivolster Orgien, doch auch im Leben eines Porno-Regisseurs kommt einmal der Tag der großen Frage:

TSU TSAI CHEN (PANDAKIND): Papa, was ist Liebe?

Der Mann. Die Frau. Das Leben.
von E.A. Diroll und Axel Röthemeyer

Der Mann. Die Frau. Das gewisse Etwas.
Der Mann. Die Frau. Das erste Date.
Der Mann. Die Frau. Das Lieblingslied.
Der Mann. Die Frau. Das Tief-in-die-Augen-Schauen.
Der Mann. Die Frau. Das Tête-à-tête.
Der Mann. Die Frau. Das Tanzparkett.
Der Mann. Die Frau. Das Taxi.
Der Mann. Die Frau. Das Vorspiel.
Der Mann. Die Frau. Das Bett.
Der Mann. Die Frau. Das Kondom.
Der Mann. Die Frau. Das Rein-und-Raus-Spiel.
Der Mond. Die Sonne. Das Universum.
Der Mann. Die Frau. Das machen wir gleich
                                    noch einmal.
Der Mann. Die Frau. Das Glück.
Der Mann. Die Frau. Das Frühstück.
Der Mann. Die Frau. Das Verliebtsein.
Der Mann. Die Frau. Das Leben zu zweit.
Der Mann. Die Frau. Das Kornfeld.
Der Mann. Die Frau. Das Missgeschick.
Der Mann. Die Frau. Das Kind.
Der Mann. Die Frau. Das Hochzeitskleid.
Der Mann. Die Frau. Das Einfamilienhaus.
Der Mann. Die Frau. Das Alltagsleben.
Der Tisch. Die Vase. Das Messer.
Der Mann. Die Frau. Das mangelnde Verständnis.
Der Mann. Die Frau. Das Abenteuer.

Der Mann. Die Frau. Das Fremdgehen.
Der Mann. Die Frau. Das Indiz.
Der Mann. Die Frau. Das Versöhnungsgespräch.
Der Mann. Die Frau. Das kommt nicht
                  noch einmal vor.
Der Mann. Die Frau. Das zweite Mal.
Der Esel. Die Kuh. Das Problem.
Der Arsch. Die Schlampe. Das Geschirr.
Der Mann. Die Frau. Das klären wir später.
Der Mann. Die Frau. Das Anwaltsschreiben.
Der Mann. Die Frau. Das Geld.
Der Mann. Die Frau. Das Auto.
Der Mann. Die Frau. Das Haus.
Der Mann. Die Frau. Das Scheidungskind.
Der Mann. Die Frau. Das Leben.
Der Mann. Die Frau. Das war's.
Der Mann. Die Frau. Das Nichts.

Genital-Duett
Oder: Die Möse Jonathan & Schwanz im Glück
von Axel Röthemeyer und Lebrina Fairbanks

ER:	**SIE:**
Vagina	Penis
Scheide	Gemächt
Muschi	Schwanz
Mummu	Piepmatz
Möse	Pimmel
Yoni	Lingam
Schlitz	Spargel
Vulva	Phallus
trockene Trude	dummer Otto
saftige Sabine	der Lange Lui
Bush	Put-in
Hillary Clintoris	Sack-orzy
Monica	Bill
Die Möse Jonathan	Muschifänger im Roggen
Zauberberg	Moby Dick
Rote Zora	Sperminator
Ground Zero	World Trade Center
Grillrost	Steakrolle
Teigtasche	Nudelholz
Riesen-Muschel	Zitter-Aal
Feige	Banane
Heiße Blume	Ast mit Anhang
Moosröslein	Regenwurm
Orchidee	Kolibri

Penisnest	Specht
Honigtöpfchen	Honigrohr
Fingerfutteral	spritzender Zeigefinger
Schwanzgarage	Fleischferrari
Samtkissen	Hermesstab
Pelzbecher	Schmusepeter
Penispool	Nackt-Schwimmer
Scheidenkleister	Picassos Pinsel
Schwanzkästchen	Schmuckstück
Fleischbrötchen	Fleischwurst
Spermaschlitz	Proteinbomber
Fickomat	Schubkolben
Rammelrinne	Ritzenrammler
Schaukelpferdchen	Steigbügel
Triebtrichter	Lustbohrer
Dödeldose	Dulllidu
Steckdose	Rammelstecker
Spaßröhre	Freudenspender
Schacht	Aufzug
Ofen	Rohr
Furche	Pflug
Orchestergraben	Taktstock
Lustgrotte	Grottenolm
Feuchte Burg	Samenheer
Tiefes Tal	armer Sünder
Bermuda-Dreieck	Unbekanntes FickObjekt
Notluftschleuse	Raumgleiter
Venus-Delta	Omega-Mann
Schenkelfjord	Dünenreiter
Korallenriff	Hammerhai
Tiefseehafen	Atom-U-Boot

Sankt-Andreas-Spalte	Mount Everest
Wiesengrund	Ötzis letzte Hoffnung
Jadetempel	Marmorsäule
Nymphenburg	Thors Hammer
Jungbrunnnen	Samenfontäne
Lippenbeben	Scheiden-Lolli
Pimmelhimmel	Mösenteufel
Amors Zielscheibe	Lancelots Lanze
Muttermund	Babypflanzer
Der letzte Grund	Der tiefe Taucher
Tor zur Welt	Weltenbummler
Wurmloch	Weltenbegatter
Welturspung	Stütze des Universums

Libido-Ruinen

Im dunkelroten Schummerlicht häufen sich Körper in allen Farben und Formen von Männern und Frauen, übereinander, untereinander, durcheinander, verkeilt, verknotet, verbraucht.

Der Schweiß ist getrocknet, die Schleimhäute gereizt und gerötet, die zuckenden Glieder schlaff und in sich gekehrt.

Ein stoppelbärtiges Kinn ruht auf einer sanft wogenden Brust.

Eine zarte Mädchenhand krallt sich in feucht glänzendes Schamhaar. Aus den trockenen Mündern vernimmt man leises, kindliches Lallen, das Summseln erschöpfter Melodien, tiefes Atmen.

Jeder ist bei sich im Nirgendwo.

Ich stehe da, außer Atem, ziehe meinen nassen Regenmantel und die Gummistiefel aus. Ich denke: Mist, schon wieder zur spät zur After-work-Orgie!

Manchmal ist es doch besser, wenn man früher kommt.

Herberts herbes Sexleben
von Axel Röthemeyer
und Armin Breidenbach

Herr Herbert Heck, n echter Hengst, der dem Lebensende eher schnell entgegenhechelte denn bequem entgegenschlenderte, verlebte den letzten Herbst extrem schmerzverzerrt.

Denn des Sex-Helden Lenden lehmten Ekel erregende Ekzeme – echt fette, echt etzende Kretze!

Des ehrenwerten Hessen ehedem erregenden Lebensspenders Ekel-Dellen vergretzten schnellstens jedes nette Medchen, jede kesse Fee, jedes verhetschelte Elfchen. Seltenst erlebte des Hessen Lendenschwert jetzt entfesselten Geschlechtsverkehr. Wegen jener stechenden Schmerzen verfellt Herrn Hecks Lendengegend dem Verwesen. (Echt ne schlechte Welt! Dreckselende Welt!)

Er erklert mehreren Ex-Bettgesellen, er erlebe echt gern mehr erhebenden, den Weltschmerz verdrengenden Sex. Hette gern mehr mehr Betten zerschmetternden Extremsex. Denn Herberts Lebensrezept: sexgerecht leben, jedem n echter Sexhelfershelfer werden. Ehedem entdeckte er erregende entlegene Geschlechtsgegenden, denen er behende Gelecke spendete, denn: Geben besser denn Nehmen. Hecks Herbert schenkte Erstsemestern Seelenbeben, deren Exzesse jede Elternehre beschemten. Er benetzte jeden Pelz, mehr denn mehrere Schenkel genbesprenkelnd. Herberts beste Rezepte verhexten zerteste Wesen, bettenschwer, herrje!

Nechtens beehrte er regelgemeß Sex-Geschefte, Herzens-Herbergen, fetete fetteste Feste des Begehrens.

Eschwege, den 16. Dezember: Herberts schweres Gebrechen erlebt ne jehe Wende wegen nem leckeren Schnecksche, dessentwegen Herberts Herz jetzt mehr hetzt denn je.

Jenes Schneckschen checkt Herberts Schmerzen, benetzt sehr nett schmerzende Ekzeme per Schneckschen-Selbchen. Jenes Schneckschen erkennt: Herberts Lendenschwert – festgeklemmt. Der speten Trenen Sekt erregt jeden Nerv der lengst verhermten Stellen des verschemten Ex-Sex-Recken. Helfende Hende kneten Herberts Schwert schneller denn zehn Sex-Knechte es je gekneten hetten.

Herberts Heft steht jetzt besser denn je.
He He He! Herbert! Der Herbst endet! Dezember!
Herbert erlebt echte Erdbeben!
Herberts Herz, jene ewg'e Lebensquelle, schmerzt
                                                                stechend.
Herzbeschwerden werden sterker.
Herberts Herz scheppert, bebt, verebbt.
Letztes Hecheln.

Beseelt lechelnd verendet Herr Herbert Heck.

Schneckschen: entsetzt, denn der Sterbende textete, dem Sterbebett entschwebend, Letztes: Schneckschen werde speter den jetzt Sterbenden beerben.

Ende

(P.S.: Herbert verwest jetzt. Ehre Herberts Lenden!)

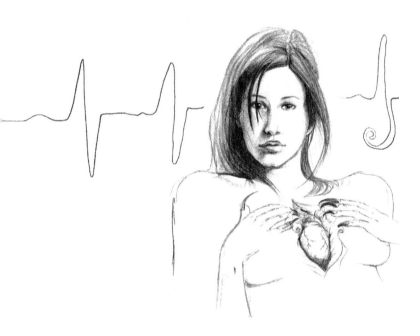

V
Das Nirvana war nie schöner

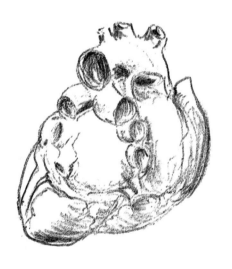

Herzkasper im Wartezimmer

Wegen einer Schwäche am Herzen sitze ich im Wartezimmer einer kardiologischen Gemeinschaftspraxis und warte. Eine stille Menschenansammlung, wie in der Kirche oder im Bus, sitzt sich im Carree gegenüber auf einem tiefblauen Teppich, die meisten in Zeitungen oder Bücher versunken. Wie Meeresbrandung dringt das Klingeln und Piepen von der Rezeption herüber. Wie das Kreischen von Möwen schallen die Stimmen der Sprechstundenhilfen, die Termine vereinbaren mit meist schwerhörigen Herzkranken. Nur wenn die Ärzte, wie Haie hinter ihren steril-weißen Türen lauernd, die Patienten aufrufen, gerät die Kolonie in Unruhe.

An den Wänden hängen Landschaftsaquarelle, Bäume in den vier Jahreszeiten.

Auf einem Metallständer verschiedene Broschüren mit Titeln wie „Herzinfarkt: Im Wettlauf mit der Zeit", „Herz heute", „Herzinfarkt: Jede Minute zählt".

In der gegenüberliegenden Ecke ein Rollwagen, an dem sich die Patienten Wasser und Kaffee Haag einschenken können. Rosige, fleischige Finger trommeln auf Handtaschen, knibbeln an Ohrläppchen oder liegen gekreuzt im Schoß.

Zwei Rettungsdienstler in schweren Stiefeln schleppen eine hutzelige Alte in leuchtend roter Strickjacke herein und platzieren sie auf einem der wenigen freien Stühle, wo sie in gekrümmter Position verharrt. Ihr gegenüber ein Weißschopf, dessen Schädel rhythmisch wackelt, wie Schilf im Wind.

Ein Greis in grauem Flanell kommt herein geschlurft. Er stützt sich auf einen schwarzen Gehstock mit silbernem Knauf und flüstert mit knarziger Grabesstimme zu seiner Frau.

Ein Name wird aufgerufen und die Alte in der roten Strickjacke glaubt, den ihren gehört zu haben. Hektisch ruft sie ihrem Nachbarn zu: „Meine Stöcke, meine Stöcke!" Doch es war ein Fehlalarm.

Der Alte mit dem Silberstock meint zu seiner Angetrauten: „Wäre vernünftiger, wenn sie mir gleich einen Schrittmacher einbauen würden!"

Ein Frau Mitte fünfzig, ihr graublondes Haar zum Zopf gebunden, mit einer großen Brille und einem griesgrämigen Froschmaul.

Ein Vierzigjähriger mit halblangem, rotem Haar und dem faltigen Hals einer Schildkröte.

Silberstock erzählt seiner Frau Witze und sticht dabei mit dem Zeigefinger in die Luft. Ab und zu knufft er sie mit dem Stockknauf in den Schoß, was sie ärgert. Beleidigt stellt er den Stock zwischen seine Füße und stützt die Lippen auf den silbernen Knauf.

Eine hübsche hellbraune Sprechstundenhilfe mit lockigen hochgesteckten Haaren und schwarzrandiger Brille schwirrt vorbei.

Zwei junge Mädchen, offensichtlich Schwestern, kommen rein und laufen mir den Rang als jüngster Herzpatient ab. Die Ältere mit schulterlangem, dunkelrotem Haar gähnt und lächelt, als wir Blickkontakt haben. Die Jüngere hinkt leicht und auch ihr

Arm scheint steif und liegt angewinkelt am Körper.

Frau Heinel, die mit der roten Strickjacke, wird aufgerufen und stakst mit ihren Stöcken in Richtung Arztzimmer. Die anderen Patienten schauen auf ihre Uhren.

Silberstock klopft auf den Boden beim Sprechen. Seine Frau ermahnt ihn, das zu lassen. Wieder legt er die Lippen auf den Knauf und blickt starr vor sich auf den tiefblauen Teppich.

Blicke auf die Uhr.
Blicke in die Ferne.
Im Wartezimmer.
Jede Minute zählt.

Mein Herzdämon spricht

Ich mach dich fertig. Ich zeig's dir. Du wirst deines Lebens nicht froh. Du darfst nicht glücklich sein. Du darfst dich niemals verlieben, sonst töte ich dich und die, die du liebst. Du kannst dir den Spaß im Leben abschminken. Sobald du auch nur in die Nähe des Glückes kommst, werde ich dich verbrennen. Sobald du auch nur an Ekstase denkst, werde ich dich zerschmettern. Sobald du mich zu bannen versuchst, werde ich dich zerreißen. Ich kriege dich, wohin du auch fliehst, wo du dich auch versteckst.

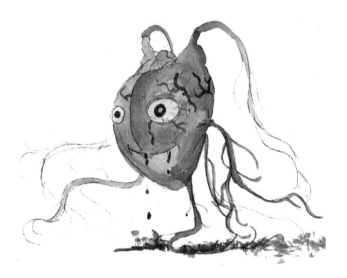

Ich werde bei dir sein bis ans Ende deiner Tage, und das Ende deiner Tage werde ich bestimmen.

Wann ich Lust habe. Und niemand wird es verhindern können. Ich bin unberechenbar und grausam. Ich bin so tief in dir, dass du mich nicht von dir selbst unterscheiden kannst. Du wirst glauben, ich sei deine Stimme. Du wirst nicht einmal merken, dass ich da bin, und wenn ich diesen Sermon beende, wirst du sogleich alles vergessen haben. Was machst Du da? Schreibst Du etwa mit? Das gilt nicht. Lass das sofort. Ich habe nichts gesagt ... Dämonenstreich, Dämonenstreich. The service you called is temporarily not available.

Leuchtpilze

Einer kommt und hat uns zwei Bier mitgebracht. Er erwähnt, dass jetzt keiner mehr an der Kasse sei. Wir nutzen die Gelegenheit und schlüpfen hinein.

Im Vorraum strahlende Gestalten, Elektro-Hippies, im Kaminzimmer links neben der Tür breitet sich ein Matratzenlager aus, darauf liegen Rauschausschläfer, ein Pärchen fummelt, in den niedrigen Fleece-Sesseln hängen Kiffer ihren cannabinoiden Phantasmen nach. Wir wenden uns nach links, wo unter der großen Freitreppe der Kellerschlund gähnt, und steigen in die schwüle Tiefe hinab. Von unten schlagen uns harte Beats entgegen. Der Raum ist dunkel und stickig, Schwarzlichtmalereien verzieren die Wände, grellleuchtende Fratzen, neonpinke, neongrüne, neongelbe Pilze wachsen aus den Nischen und Ecken. Timos Tiere entdecke ich auch darunter. Vergnügt zucken wir durch die dichte Menge und schieben uns vor das DJ-Pult. Ich tanze neben Anne, wir lächeln uns an. Neben mir ein schräger Dreadlockzwerg, der einen der Leuchtpilze wie ein Mikro vor seine Nuschel hält und mich geistesabwesend anschautschautschaut, als ob er was zu schweigen hätte.

Dann spüre ich eine Hand, die sich von hinten an meiner Lende zu meinem Bauch schiebt. Eine schlanke Gestalt folgt dem Arm, ein nagetierisches, schmales Gesicht mit großen Rehaugen, der Körper umarmt mich, ich entgegne diese Geste. Luisa. Sie will mit mir tanzen. Nach und nach lockt sie mich von Anne weg, und ich, immer noch die launischen Gedanken des Nachmittags im Hinterkopf, denke, ein wenig Anstachelung kann ja nicht schaden. Luisa ist sehr anschmiegsam, bzw. mal schmiegt sie, dann distanzt sie wieder, im Wechsel. Mal kommt sie ganz nah an mich heran, küsst mich auf den Mund, dann ist sie wieder weg. Die Beats sind schnell, der Tanz ekstatisch, lange so was nicht gehabt. Dann auf einmal ist Luisa weg, einfach gegangen, ich schau mich um, hab auf einmal Durst, sag Anne Bescheid, dass ich nach oben geh, fühl mich irgendwie komisch. Will raus. Werde von einer Fotografin aufgehalten, die mich unbedingt fotografieren will. Ich ziehe ein paar Grimassen, sie meint, sie hätte mich schon öfter in der Stadt gesehen und findet, ich hätte ein besonderes blablabla ... Ich habe jetzt echt Durst, außerdem so ein komisches Gefühl, irgendetwas ist anders. Ich muss hier raus. Die Treppe hoch, in den Vorraum. Mein Puls ist sehr hoch und ... ja ... er geht auch nicht mehr runter ... einfach raus gehen, an die frische Luft, Sauerstoff ... Im Vorraum neben dem Kassentisch sitzt Frank und unterhält sich mit einem Mädchen, ich lehne mich kurz an den Kassentisch, einer von der Freaks stiert mich etwas irre an, bitte jetzt nicht ansprechen, ich muss erst mal durchatmen ...

Baddabom

Baddabom
Baddabom
Der Beat dröhnt
Die Menge ist in Ekstase
Junge Körper tanzen in Ekstase
In den Katakomben des Schlosses
Mittendrin
Voll, Dabei
Cool ist kein Ausdruck
„Hey, Du auch hier"
„Nein, Du musst mich mit mir verwechseln"
„Kühles Hemd
Schöne Titten"
„Ja, gab's bei H&M"

Baddabom Baddabom
Hier ein Joint, da ein Joint
Tanzen, Saufen, Kiffen
Der Studenten-Triathlon
Wir sind Könige und Helden
Prinzessinnen und Kriegerinnen
Gefangene der Menge der Auserwählten
Lachende Gesichter, nichts dahinter

Bom Bom
Der Bass dröhnt
Die Dröhnung im Köpfchen
Die Liebenden unter den Lebenden
Lallen letzte Lieder liederlicher Leichtigkeit

Badda Bom Badda Bom
„Komm, wir ziehen uns aus"
„Au ja, Stofffetzen zerfetzen"
Wir segnen die Menge mit unserem Schweiß
Und die Menge ist dankbar, offene Münder stehen Parade
Strohhalme werden gezückt und in die Achseln gestoßen
Wir fallen uns in die Arme und sind alle Schwestern und Brüder
Oder einfach nur Leiber
Inzest inbegriffen
Begriffen nichts
Nahmen uns alles
Badda Bom
Badda Bom

Reitend auf einer Schlange mit Sternenaugen
durch die Wüstennacht

Unter mir die Totenhurensöhne
Zwischen Trauer und Freude spannt sich ein
Regenbogen
Vor mir sehe ich die Geometrie des Universums
zum Greifen nah
steck ich sie mir in die Hodentasche

Mein Ich aufgelöst wie Ahoi-Brause
In einem Wasserglas

Die Evolution des Lebens zieht als bunte Comic-
stripparade an meinem dritten Auge vorüber
Die Geschichte der Menschheit
als 3-D-Daumenkino
Ich sage jede meiner Zellen persönlich
Guten Abend
Ich begreife mich als System
als ein aus Teilen bestehendes größeres Ganzes
das selbst Teil eines größeren Ganzen ist
Ich nehme mich wahr als Universum
Kein Ich nimmt mehr wahr
Aus dem Gewesenen wird fortwährende
Verwirklichung
ein Strom aus Teilchen

BaddaBoooooooooooooooooooooom
Ich vernehme den Herzton des Universums, der
nur alle 5321046 Jahre einmal schlägt

Im nächsten Augenblick schon bin ich abgelenkt

Ein Zucken

Ein Stechen

Stechender Schmerz in der Bru

Schmrz Brst

Schmrz Brst

Hrz brcht

Ein Zitteraal zuckt in meiner Brust
Er windet sich vor Furcht
Schlägt gegen sein Rippengehege

Die Beute hetzt den Jäger
Das Universum knallt durch
Das Licht strömt zurück in den Scheinwerfer
Die Musik ist nur noch schwarzweiß

Badda Bom Badda Bom

Im Stroboskop stottern kubistische Primatonnen
Marionetten an Noten erhängt
Tanzende Skelette, alle etwas vom Fleisch gefallen
Ein kollektiver Fall von spontaner Bulimie

Die Wände rücken näher zusammen, es fröstelt ihnen

Frosch steckt fest in einem Stau warziger Riesenkröten

Ich falle zu Boden, 5000 Meter tief
zwischen einen Stapel Jacken und Taschen
ich sehe die Fetzengesichter auf mich herabblicken
die Raubvogelvisagen
Ich will um Hilfe schreien, doch ich habe keinen
Mund
Mein Bewusstsein irrt in meinem Hirn umher
und stellt fest:
Alle Systeme außer Kontrolle, die Batterien leer

Lustige Riesen lachen und stolpern über meine Füße,
sie zertrampeln mir die Beine, Knochen splittern
eine Falle, sie wollen dich zerfleischen
Diese Disse ist ein Fleischwolf
Narrenmasken tarnen die Dämonen

Baddabom

Alle auf dem Weg zum Vergessen

Badda Bom Badda Bom
Ich spüre meine Hände nicht mehr, und nicht
mehr meine Arme
Baddam Baddam Baddam Baddam Baddam
Baddam Baddam Baddam Baddam
Ich bin schon woanders
Baddam Baddam Baddam Baddam Baddam
Baddam Baddam Baddam Baddam
Bass Bass Bass kein Hören

Niemand Gesichter
Baddam Baddam Baddam Baddam Baddam
Baddam Baddam Baddam Baddam
Komm schreit der Tod komm schreit der Tod
Komm schreit der Tod
Markschreie Werkauf Ursumpf Mutterschlumpf
Wo verflucht ist mein Körper
Schmerzen schmelzen auf heißer Haut
Hast du nicht gesehen
Baddam Baddam Baddam Baddam Baddam
Baddam Baddam Baddam Baddam
Schmerzen schmelzen auf heiserer Haut
Baddam Baddam Baddam Baddam Baddam
Baddam
Seelisches Land Sturzbach
Brand in der Brust
Millionen Zellen schreien ihre Klage und verglühen

Baddam

Baddam

Badamm

Badamm

Die Wurzeln eines blauen Riesenlotus
Ranken um mein Herz,
das ist groß und glüht wie die Sonne

Badamm

Badamm

Das Nirvana war nie schöner, die Tapeten
könnten mal gewechselt werden

Badamm

Badamm

„Wolltest Du nicht schon immer mal wissen,
wie es ist, zu sterben?"

Badammm

Neeeeiiiinn. Ich scheiß drauf.

Axel Röthemeyer

Axel Röthemeyer (1976-2020) war der „Meister des Idiot-do", der selbst ernannte Hohepriester des Scheiterns, das er in seiner Weisheitslehre, dem „Gagakure", auf den Punkt gebracht hat. Als Moderator, Underground-Filmemacher, Gelegenheits-Schauspieler, Zeichner und nicht zuletzt Verfasser von komischen Gedichten und Storys war der „Kulturmajor", wie er sich auch nannte, an seinem Wohnort Darmstadt so bekannt, dass er als „alternativer Bürgermeister" bezeichnet wurde.

Geboren in Braunschweig und aufgewachsen in Groß-Umstadt, ging Röthemeyer zum Studium von „Deutsch und Denken" an die TU Darmstadt, in die Stadt mit dem Darm. Schon als Jugendlicher zeichnete er erste Comics und drehte Filme. In Darmstadt war er Mitglied des studentischen Filmkreises der TU, realisierte zahlreiche Filmprojekte, skizzierte und schrieb unzählige Drehbücher, darunter für „Die alte Frau" von Ariane Mayer nach Geschichten von Daniil Charms, der international auf Festivals gezeigt wurde. Der „Last Living Langzeitstudent", der sein Studium nie beenden sollte, verdiente seinen Lebensunterhalt u.a. mit Image-Filmen und filmischen Dokumentationen (u.a. über das Datterich-Festival 2015), als Bibliothekar und 24h-Pfleger von Schwerstbehinderten, später in der Videoabteilung des Staatstheaters Darmstadt. Röthemeyer moderierte u.a. beim Weiterstädter Filmfest und dem von ihm als Veranstaltungsformat, das sich auf die ganze Welt ausbreiten sollte, mit ins Leben gerufenen „Science-Slam", zudem die ebenfalls von ihm mit ins Leben gerufene Early Late Night Show „SNOTLDAD – Saturday Nightlife of the Living Dead am Dienstag" im Schlosskeller Darmstadt. Reisen führten ihn u.a. nach New York, Tansania, Indien, Thailand, Marokko, Kanada, Slowenien und in die Türkei. 2006 war er Mitbegründer des legendären „Darmverlags". Ende November 2021 hörte sein Herz einfach auf zu schlagen. Sein letztes Projekt war ein Kalender zu heilsamer Nahrung mit seiner Frau Flora Schmidt. Er hinterlässt zwei Kinder mit ihr.

Foto: Flora Schmidt

Wer sich noch mehr für den Kosmos des Kulturmajors interessiert, wird hier fündig: **www.axelarchiv.de**

Und hier kann man Axel bei der Performance seines Gagakure erleben:

Axel Röthemeyer und Flora Schmidt

Armin Breidenbach, *1976, studierte in Darmstadt Germanistik, Philosophie und Soziologie. Er war Momentschauspieler und Kurzschriftsteller, dann Regieassistent und wurde schließlich Dramaturg an verschiedenen deutschsprachigen Theatern. Axel und er freundeten sich im Studium an und lebten dann in einigen WGs in Darmstadt zusammen.

Alex Dreppec, *1968, promovierter Psychologe, Berufsschullehrer. Zahlreiche Veröffentlichungen u.a. im Bereich Lyrik und Wissenschaft, ersteres seit 2019 auf allen fünf Kontinenten. U.a. Wilhelm Busch-Preis 2004 (erster Platz), 2020 eine Förderung des Landes Hessen für Filmprojekte. Erfand den international verbreiteten Science Slam, dessen Co-Moderator von Anfang an sein Freund Axel Röthemeyer war, der nach vielen skeptischen Stimmen als Erster enthusiastisch auf die Idee reagierte. Zwei Gedichtbände im chiliverlag. 2020/21 u.a. Mitherausgeber der Online-Anthologie „Lockdown-Lyrik" für dasgedichtblog. www.dreppec.de

Vielen Dank an Flora Schmidt, den Darmstädter Förderkreis für Kultur, Emma und Heinz Röthemeyer, Gösta Gantner, E.A. Diroll, Nesh Vonk, Holger Rößer, Tobias Reckermann, Lebrina Fairbanks.